IL A ÉTÉ TIRÉ DE CET OUVRAGE
26 EXEMPLAIRES, HORS COMMERCE,
MARQUÉS DE A à Z, RÉSERVÉS À L'ÉDITEUR
40 EXEMPLAIRES, HORS COMMERCE,
NUMÉROTÉS DE I à XL, RÉSERVÉS AUX AUTEURS
ET 100 EXEMPLAIRES, NUMÉROTÉS DE 1 à 100,
RÉSERVÉS AUX AMIS DE BAUMANIÈRE
QUI CONSTITUENT L'ÉDITION ORIGINALE.

# LES ALPILLES

Chemin de la Roque, en prenant sur la gauche le Pont des Dindes ▷

Hervé ALIQUOT

Illustrations Marie-Hélène MOUYON

# LES ALPILLES

AUBANEL

ISBN 2-7006-0136-X
ISSN : 0989-649 X

# AVANT - PROPOS

Au cœur de la Provence, les Alpilles gardent les vieux secrets du passage des civilisations, ne conservant de chacune que les éclaboussures qui font le charme de l'Histoire. Ici, le vent court du sud de la Durance jusqu'en haut des collines baussenques, couvrant le territoire méridional de l'ancien évêché d'Avignon. C'est là le rognon de la terre, Rognonas la fertile porte bien son nom. Jardins et vergers s'abritent derrière les haies de cyprès pour venir buter contre le canal des Alpilles dans les champs de fleurs de Saint-Rémy. Sur leur piton, dominant la Durance, les tours de Châteaurenard regrettent le pape Pierre de la Luna. Tout aussi en ruine, mais dominant le Rhône, la forteresse de Boulbon garde le flan occidental de la Montagnette. C'est le jardin des Avignonnais, le rendez-vous des chasseurs de casquettes d'Alphonse Daudet, le refuge des Prémontrés de Frigolet qui proposent toujours l'élixir du Père Gaucher. Cernée de chapelles romanes, la Montagnette est une micro région où la férigoulette soignait naguère des atteintes du paludisme de la plaine marécageuse.

Dans les Alpilles, tout est de calcaire blanc et rugueux. Des falaises où jouent les vols de corneilles, cassent les horizons. Sur les rochers s'accrochent des genévriers de Phénicie recherchés par les amateurs de bonzaï...

Mais ce paysage se transforme sans cesse. Même si des pans entiers de colline sont rongés par les incendies, les forêts gagnent. Tous les creux du massif sont désormais moussus et il est possible de s'enfoncer au cœur des pinèdes qui gagnent souvent sur les garrigues de chênes verts.

## *LE PAYS DES TARASQUES*

Ce guide est celui du pays des Tarasques, ces monstres aux corps de lion ou de crocodile qui hantent les lieux déserts ou les rives du Rhône. On en a gardé les légendes qui renaissent chaque année dans les fêtes du folklore.

Les Alpilles sont gardées à leurs extrémités par Salon à l'orient et par Tarascon à l'occident ; mais comment oublier Beaucaire, sa rivale languedocienne. Entre ces cités, les deux routes antiques du nord et du sud, égrènent leurs villages au milieu des fleurs d'amandiers. Du côté du septentrion, Saint-

Rémy domine avec ses monuments antiques et la cité de Glanum. Au centre, les Baux sont un de ces rendez-vous universels qu'il faut connaître. Au midi, les villages s'éparpillent : Le Paradou, Maussane, Mouriès, Aureille. De-ci, delà, des petites routes serpentent entre falaises et collines, permettant d'aller à la rencontre des flancs couverts de cistes, des lits secs où se trouvent les lentisques dans des semés de chênes verts.

Au-delà se trouve la Crau, naguère sèche et plate, aujourd'hui fertilisée et arrosée. Ses galets rappellent que la Durance s'écoulait autrefois directement vers l'étang de Berre, et sa platitude permet aux avions de profiter des longs tapis d'Istres et de Salon, bases aériennes importantes.

Conter l'histoire et les routes des Alpilles, c'est plonger dans le pays des rêves, du charme et du plaisir de vivre. Au cœur de la Provence, cette région est un théâtre naturel vers lequel ont convergé les Celtes, les Grecs et les Romains ; Catholiques, Juifs et Protestants. Les visiteurs aujourd'hui y vont pour rêver et dans un coin de roche, bercés de soleil, ils relisent les Centuries de Nostradamus, refaisant un avenir toujours certain de ses éclats de pierre, de son brouillard de lumière et de ces gouttes de rosée qui perlent de chaque bouteille produites sur les coteaux.

Les " Antiques " à Saint-Rémy.

PREMIÈRE PARTIE

# LES ALPILLES A TRAVERS LES ÂGES

## Le mystère des stèles anthropomorphes

Les Alpilles d'aujourd'hui sont plus que jamais provençales. Elles ne sont pas devenues le fief de « franchimans » nouveaux propriétaires de quelques mas, ces belles maisons éparses dans la campagne, mais au contraire, elles les absorbent, les transforment en Provençaux aussi acharnés à défendre le sol que le furent autrefois les princes de cette terre.

Panorama du château de Tarascon.

Entre le Rhône, la Durance, et la Grande Crau, un vaste triangle rassemble la Montagnette, la plaine alluviale de l'ancien lit du fleuve et les Alpilles ; ces étonnantes collines, prémices des Alpes, culminent à 493 mètres d'altitude au signal « Dis Aupiho ».

D'un côté, Beaucaire et Tarascon sont inséparables. Même si l'une est en Languedoc et l'autre en Provence, ces villes marquées par le Rhône qui les unit ont mêlé leur histoire, des discordes parfois cocasses et de réelles amitiés. A l'est, Orgon domine la Durance en regardant le Luberon, alors que Lamanon rêve encore au souvenir des cours d'amour à la lisière du pays d'Aix.

Le château de Beaucaire.

Au milieu de ces personnages, le site le plus orgueilleux qui soit élève des ruines acérées au milieu des rochers : les Baux.

Ici respire la Provence fière, celle de l'indépendance à tout prix, des grandes familles, des Catholiques et des Protestants, des seigneurs et des bandits, des Ligures, des Grecs et des Salyens.

Déjà les éléments de cette chronologie fantastique se mettent en place dans les grottes du paysage, nous disons ici les " baumes ". Au IIIe millénaire

La Tour Anglica
de Barbentane.

avant notre ère commencent les premiers habitats humains. Escanin, Costapera aux Baux ; la Calade près de Fontvieille ; la Baumo Sourno, la Restelade ou encore l'atelier de taille du silex en plein air du gisement Martin aux alentours d'Eygalières, sont des abris qui datent du Néolithique.

2000 ans avant J.-C. le Chalcolithique pénètre les Alpilles. Dans le célèbre Val d'Enfer, au pied des Baux, la grotte des Fées, où Mistral place le repaire de la sorcière Taven, s'enfonce à plus de deux cent mètres dans la montagne. Sa fouille a permis de découvrir des vestiges très nombreux de la vie à cette époque : lames et flèches en silex, haches de pierre polie, poinçons en os, fragments de poteries, etc. Mais c'est à Orgon que l'on trouve les stèles anthropomorphes. Dans la vallée de la Durance, les découvertes se succèdent à Sénas, Trets, et jusqu'à l'intérieur des Alpilles à Eygalières. Ces stèles exposées au musée Calvet d'Avignon montrent la figuration d'une tête humaine entourée d'une ornementation de chevrons.

Le clocher
de Noves.

L'absence rituelle de la bouche symbolise le silence qui caractérise la vie nouvelle après la mort. Seuls les yeux et le nez esquissent une expression humaine à ces stèles qui évoquent les statues-menhirs du Gard. Sans doute monuments funéraires, ces timides essais de figure humaine sont profondément curieux à découvrir dans leur émouvante stylisation.

C'est par la mort que les hommes du Chalcolithique nous sont le mieux connus. Les hypogées des collines de Cordes, du Castellet, entre Fontvieille et Montmajour, en témoignent. Chambres mortuaires taillées dans la mollasse, ces hypogées ont été fouillés au siècle dernier de façon empirique, mais les travaux viennent de reprendre récemment grâce à l'action de Gérard Sauzade, assistant à la Direction des Antiquités préhistoriques. Le roc de ces salles funéraires a été creusé au pic, blocs de quartzite pointés qui portent encore la trace de la rainure d'emmanchement. Le plus grand de ces hypogées se trouve sur la colline de Cordes, mais est inaccessible au public. Pourtant les quarante-deux mètres de longueur du monument, les blocs de plusieurs tonnes qui le recouvrent en font un mégalithe spectaculaire.

La fontaine moussue
et le beffroi de Salon.

Lentement sur cette région se formera un peuple dont les voyageurs de l'antiquité noteront le nom. Les Ligures étendront leur zone d'influence du Rhône aux plaines lombardes vers le X^e^ siècle avant notre ère, et connaîtront une civilisation florissante.

Seuls d'abord, puis lentement pénétrés par les envahisseurs Celtes au cours des périodes de Hallstat puis de la Tène, les Ligures vont vivre à partir de 500 avant J.-C., la civilisation des oppida.

Un oppidum, c'est un coin de rocher difficile à atteindre comme celui des Bringasses face aux Baux ; ou un morceau de plateau protégé par des falaises verticales formant mur pour s'abriter, comme aux Caisses de Jeanjean au-dessus de Mouriès ; ou encore un site haut perché dominant une vallée comme à Beauregard au-dessus d'Orgon. Là, les hommes sont à l'abri de l'ennemi probable, des guetteurs sont constamment à l'affût, des provisions sont entassées, les sanctuaires devraient y être inviolables.

La visite du refuge des Bringasses montre à quel point le site était fortifié. Un fossé creusé dans le rocher le sépare du plateau. C'est par un pont de pierre que l'on pénètre à travers la porte en chicane, puis entre les deux murailles où passe le chemin de ronde. Au-delà seulement se trouvent les constructions celto-ligures.

## Les Salyens et le culte des têtes coupées

L'Occident ligure se compose des dix-sept peuplades des Salyens. Depuis leur capitale, Entremont près d'Aix, ils dominent tout le territoire du Rhône au Var. Les Alpilles sont un de leurs fiefs et, à l'abri de leurs oppida, ils élèvent des sanctuaires de la religion des morts.

Trois périodes peuvent se dégager entre le IV$^{e}$ siècle et son déclin lors de la romanisation.

L'oppidum des Caisses de Jeanjean, au-dessus de Mouriès, se cache derrière les arêtes rocheuses verticales d'un plateau. C'est là qu'ont été trouvées les " stèles aux chevaux ". Gravés dans la pierre, les chevaux sont grossièrement stylisés et sont surmontés chacun d'un homme. Ce ne sont pas des cavaliers allant à la chasse ou à la guerre, mais des âmes planant sur l'animal qui symbolise le passage de la vie vers la mort. Le cheval est un moyen de transport qui se trouve ici assimilé à un dieu.

La deuxième période est décrite par Posidonius de Rhodes, qui visita la Gaule avant notre ère : " Les gaulois embaument les têtes des personnages illustres avec de l'huile de cade, ils les gardent dans un coffret et les montrent avec orgueil aux étrangers ". Le grec, tellement choqué par ces procédés, aurait pu ajouter que certaines têtes étaient trépanées afin de les suspendre par un clou sur les linteaux des temples. Posidonius n'a vu dans ces rites que leur aspect barbare.

Pourtant, au sein des sanctuaires aux esprits se rassemble " une véritable réserve d'énergie vitale ", comme le dit Fernand Benoît. Les Salyens, comme d'autres peuples de l'Europe d'alors, croient que la tête coupée assure la protection de la tribu, l'esprit du défunt étant inséparable de son crâne. N'était-ce pas un moyen d'accumuler la sagesse de ceux qui avaient vécu ?

Sanctuaire à proximité
du Cimetière de Mollégès.

On remarquera au musée de Saint-Rémy une statue représentant un de ces défunts. Il est assis en tailleur, figé dans la posture habituelle des bouddhistes. On verra également un linteau encore garni de ses crochets où se balançaient les têtes, ainsi qu'un crâne percé après la mort.

Mais le plus souvent, c'est la statuaire qui donne le plus grand nombre d'exemples de têtes coupées. Nombreux sont les rochers, les stèles, les statues qui paraissent décapitées.

Ces apparitions saisissantes sont les témoins de l'inquiétude des Gaulois devant la mort et ce qui se trouve ensuite. Bien souvent les têtes sont associées à un animal terrifiant. Ce n'est plus le cheval qui assure le passage, mais un monstre fantastique, un sphinx, une tarasque, en fait la plupart du temps, un lion. Tel est le cas de la fameuse " Tarasque de Noves " exposée au musée lapidaire d'Avignon. Le lion, la gueule entrouverte est en train d'avaler un corps humain. Ses deux pattes de devant s'appuient chacune sur une tête coupée. L'androphage ne fait pas peur à ses victimes dont le faciès, neutre, évoque bien l'idée d'une translation d'une vie dans une autre.

On ne peut alors que reprendre les mots de Fernand Benoît : "Ces démons d'un monde surnaturel, au service de la divinité dont ils deviendront l'attribut, sont les intermédiaires entre les vivants et les morts. Ils appartiennent à une imagerie funéraire qui a pour thème le voyage de l'âme vers l'outre-tombe, emportée dans sa nouvelle demeure par un cheval. Ils expriment aussi le ravissement du défunt terrassé par les griffes de la bête infernale ".

N'oublions pas que Cerbère, le chien qui garde les enfants des anciens grecs, était au départ la bête qui mange la chair. N'est-il donc pas naturel qu'un carnassier reprenne ce symbole de la mort lié à l'idée de destruction ? D'autant que, depuis le VIe siéle, Massalia est née et l'influence grecque s'est répandue vers l'intérieur du rivage ligure.

La troisième période sera celle de Dispater, le dieu gaulois au maillet, lié à Sylvain le dieu romain, qui ouvre la porte de l'enfer.

On trouvera à Glanum la source guérisseuse des Salyens, mais on sait également que dès le IVe siècle les Grecs de Marseille sont remontés jusqu'ici et y ont établi le culte d'Héraklès, Hercule, dont les légendes vont fleurir.

Les Salyens et les Grecs s'affrontent puis accommodent leur existence réciproque, jusqu'à ce qu'en 124 avant J.-C. le consul romain Sextius Calvinus soumette les Salyens et prenne Entremont leur capitale.

*LE COMBAT D'HERCULE contre les Ligures est une légende fameuse dans l'antiquité. Revenant du jardin des Hespérides, en Espagne, le héros traverse la Crau. Assailli par les Ligures, Hercule réplique jusqu'à la dernière flèche ; mais au moment où il va succomber, Zeus prend pitié de lui et le secourt en faisant grêler sur les Ligures ces pierres rondes qui depuis parsèment la Crau.*

## Glanum grecque et gallo-romaine

En 118 avant le Christ, Domitius Ahenobarbus fonde la Narbonnaise, la grande province romaine de la Méditerranée du nord. Désormais les Alpilles vont suivre le cycle civilisateur de Rome. Glanum la cité gallo-romaine est rattachée à Arles entre 65 et 60. On retrouve des traces de siège de cette époque sur l'oppidum des Bringasses, aux Baux.

Trois siècles de paix vont alors permettre à la région de s'épanouir. Les oppida sont abandonnés, les villes descendent vers les plaines où les cultures s'étendent ; la campagne se couvre de Villas. On a trouvé des vestiges de ces grands domaines à Roquemartine, à Mouriès, dans toute la plaine au nord des Alpilles.

Deux grandes routes passent au nord et au sud de la chaîne. Par Cabellio (Cavaillon), Orgon, Glanum au nord ; depuis Aix, Eyguières, Téricias (Mouriès), pour le sud. Les deux voies se rejoignent à Ernaginum (Saint-Gabriel) à proximité de la traversée du Rhône à Tarascon.

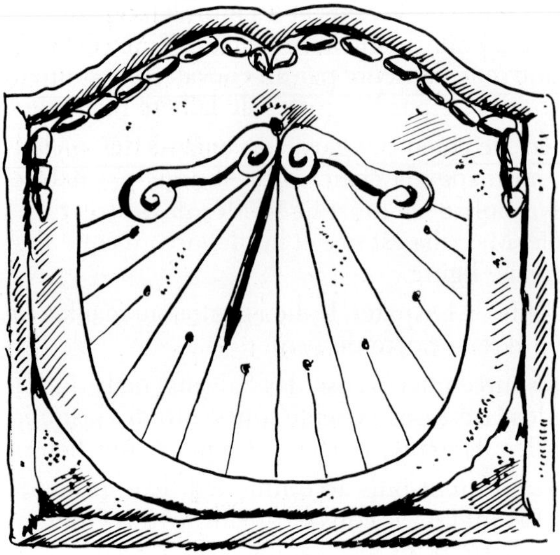

Un cadran solaire à Boulbon.

Des aqueducs se construisent. L'un alimentera en eau, Arles. Venant du nord, il prend naissance à Eygalières, l'ancienne Aquileria, la ramasseuse d'eau, et sera terminé sous Auguste. L'autre suit le versant sud par les Baux, Maussane et parvient à Barbegal où sera construit, au cours du bas empire, un moulin industriel, véritable usine à broyer le grain. A Noves comme à Saint-Gabriel, les utriculaires, ces passeurs des marais, assurent la navette entre l'intérieur et les nautes de la Durance et du Rhône.

C'est à Glanum que les plus beaux vestiges s'accumulent. Salyens, Grecs, Romains, Gallo-romains s'y sont trouvés chez eux. C'est l'un de ces endroits où le légionnaire revenant d'une campagne contre les Germains se sent chez lui, où les ruines nous étonnent encore. Ne faut-il pas être bénis des dieux pour que des monuments tels que l'arc municipal et le cénotaphe des Antiques nous soient parvenus intacts ?

Pourtant à partir du IVe siècle, Glanum va progressivement disparaître. Silvanus-Dispater, le dieu au maillet, a été remplacé par Valetudo, la déesse de la santé et du bonheur ; Mithra a fait une timide apparition. Les monuments publics ne sont plus entretenus, bien que l'on remarque dans la ville la présence d'un baptistère.

Le Rhône est la voie de pénétration directe de l'Évangile en Gaule et, dans les villes du fleuve, les communautés chrétiennes prolifèrent bientôt. La pénétration latérale se fera un peu plus tard avec un saint Andiol compagnon de saint Trophime, ou un saint Césaire évangélisateur de la Crau.

Saint Martin, l'évêque de Tours, traverse les Alpilles. Dans un vallon proche des Baux, la légende veut qu'il ait fait jaillir une source en plantant son doigt dans le roc.

Heureux saints qui feront naître tant de vocations en Provence.

Dans les collines d'Ugernum, qui deviendra Beaucaire, au Ve siècle naît l'ermitage de Saint-Roman-d'Aiguille qui durant mille ans va dominer la vallée du Rhône.

Cependant Euric, le Wisigoth, prend Arles en 476. Malgré un nouveau cycle d'invasions, saint Césaire, évêque d'Arles, va prêcher au milieu des bergers de la Crau, cette étendue, désertique il y a encore dix ans, au sud des Alpilles.

Ostrogoths, Burgondes, Francs, se succèdent, faisant dépérir les riches villas gallo-romaines. Pour la dernière fois, les habitants retrouvent le refuge des oppida. A Saint-Rémy, propriété de l'évêque de Reims, on monte des tours de défense.

L'hôtel de Sade à Saint-Rémy.

## Les guerres du Moyen Age

Chaque cité des Alpilles a connu des heures difficiles durant les siècles de Moyen Age. Nous allons essayer de rappeler pour chacune d'elle les faits les plus saillants.

Aux environs de l'an 1000, les moines de Montmajour essaiment à travers les marais innombrables. Ils s'établissent à Graveson et à Frigolet et possèdent la moitié de Saint-Rémy. Mollégès fera partie de leurs terres où durant des siècles ils attraperont les fièvres de ces régions insalubres, le paludisme de ces marais qu'ils veulent assécher.

De l'autre côté du Rhône, l'abbaye de Saint-Roman devient dépendante de l'abbaye de Psalmodi (près d'Aigues-Mortes) en 1102.

A Saint-Rémy, le monastère de Saint-Paul-de-Mausole, établi par le chapitre de la métropole d'Avignon, sort de terre.

L'ordre militaire des Templiers ne perd pas de temps. Dès 1193 ils s'implantent à Tarascon. En 1203 ils possèdent un domaine à la Laurade dont le frère commandeur, Estabel, gère aussi la maison de Lansac. Leurs étendards flottent sur Beaucaire, Barbentane, Graveson, Rognonas.

Cette période de transition des XII^e^ et XIII^e^ siècles fait la part belle aux spéculateurs fonciers, seigneurs ou ordres religieux, qui savent bien que la seule richesse du temps réside dans la propriété des terres. Comment dès lors s'étonner si les seigneurs prennent les armes pour agrandir leurs domaines, ou ne pas laisser des terres convoitées aller à d'autres. C'est ce qui va se passer avec les guerres baussenques (i.e. des Baux).

Profitant de la faiblesse des seigneurs féodaux, occupés à faire la guerre et à conquérir des terres, les cités s'emparent des droits politiques des grandes familles et se gèrent en élisant des consuls. Tarascon et Beaucaire donnent l'exemple, elles sont suivies par Graveson, Châteaurenard, Cabannes, Saint-Rémy qui, toutes, profitent du parfum de liberté qui règne dans la région pour affranchir le domaine communal.

Protégées par leurs murailles, les cités conserveront dans la plupart des cas les avantages qu'elles se sont octroyés durant cette période des républiques.

*LE DROIT D'ESPLECHE DANS LA CRAU date des premiers temps de la civilisation dans cette région au sud des Alpilles et s'est perpétué jusqu'à nos jours. Les habitants de la région et ceux d'Arles en particulier possèdent le droit d'utiliser toutes les productions " vaines " du pays. Cela va du pacage des troupeaux de moutons de la Mi-Carême à la Saint Michel, les statuts de 1242 interdisent aux propriétaires de clôturer leurs terres incultes, à la récolte de la graine d'écarlate sur les chênes kermès, avec laquelle on fait le vermillon qui, au XVI^e^ siècle, valait un écu d'or la livre. Les droits de chasse et de pêche font partie de l'Esplèche ainsi que le fait de couper les roseaux des marais.*

Le château d'Aureille.

## Les guerres de religion

Au début du XVIe siècle, la Réforme s'installe en Provence et ses adeptes se multiplient. Il y aura pendant plus d'un siècle, des pendaisons, des refus d'enterrer, des massacres qui défigureront la Province.

Joachim de la Mer, premier consul de Saint-Rémy, donnera l'exemple de l'émigration. Condamné à mort, ses biens donnés à Paul de Mondragon, il est prévenu à temps et peut s'enfuir à pied vers la Suisse. Bientôt il y est rejoint par son parent Pierre de la Mer et un ami, Pierre Turdon.

Plus tard c'est le cordonnier de Barbentane Jean Ragon qui prend le chemin de l'exil, puis encore Pierre Monel de Saint-Rémy, et d'autres suivent.

En avril 1561, les catholiques se déchaînent contre les huguenots des Baux. Tous les objets servant au culte sont jetés dans la citerne du château. Le mois suivant, les protestants se vengent. Ils s'emparent en force du château, massacrent ceux qu'ils rencontrent et tiennent la place durant trois mois tandis que les catholiques se réfugient à Arles. Les Baux ne seront repris qu'en septembre par les troupes de Gauchier de Quiqueran Ventabren.

L'année d'après il chasse les protestants de Saint-Rémy, saccage leurs biens, avec l'aide du viguier Hugues Frenel, et s'enferme dans la ville avec des chevaux razziés en Camargue.

L'édit de pacification de mars 1563 amène une trêve entre catholiques et protestants. Le 16 avril, le conseil des Baux décide que " ceux de la religion réformée seront reçus à la maison commune et affaires de la ville, à tous le moins les plus apparents et solvables, et seront reçus à toute dignité états et offices, comme par ci-devant, hormis ceux qui ne sont solvables et sont indiscrets, tant d'une religion que d'autre. "

Mais cette déclaration qui se fit en bien d'autres endroits ne peut faire oublier les massacres de Beaucaire, les tueries de Tarascon, les combats entre troupes réformées, royales, catholiques, les chefs de guerre tournant casaque au rythme des avantages acquis.

Pourtant des consistoires s'ouvriront un peu partout dans les Alpilles, puisqu'ils sont désormais autorisés. Beaucaire, Tarascon, les Baux, Sénas, Eyguières en possèdent. Saint-Rémy abrite des protestants. Les Sade, seigneurs d'Eyguières, seront protestants, de même que les Jarente, seigneurs de Sénas. Eyguières sera servi pendant longtemps par une famille de pasteurs provençaux, les Maurice.

Mais tout recommencera. En 1619, le viguier des Baux Jacques de Vérassy refuse au ministre protestant de s'installer dans la ville. Celui-ci descend alors dans la plaine et donne ses prêches au moulin de Manville près de Maussane.

Les assemblées sont dispersées par les troupes du baron de Bauche. Les réformés se réfugient à Mouriès. C'est la période du " Désert " des Alpilles. Les religionnaires se rencontrent dans les garrigues du Destet et des Baumettes.

Toujours poursuivis, les protestants se dirigent vers l'est de la chaîne. Il y a bientôt 150 foyers huguenots à Eyguières, ce qui n'empêchera pas les autorités de détruire leur temple en 1685.

Les années précédant la révocation de l'édit de Nantes seront marquées par des abjurations massives, ou des départs vers des cieux plus tolérants.

*LA COCHENILLE a longtemps fait le bonheur des gens de la Crau. C'est sur les chênes kermès qu'elle s'installe pour pondre au début du printemps. A la fin du mois de mai, lorsque le ver atteint sa maturité, les femmes et les enfants, qui ont pris soin de se laisser pousser les ongles, récoltent le liquide rougeâtre dont on tire le vermillon. Au XVIe siècle la récolte atteignait 33.000 livres. Les guerres napoléonniennes ont entraîné un renouveau pour le vermillon et en 1806 la récolte dépasse les 10 tonnes.*

*ADAM DE CRAPONNE est l'ingénieur qui a construit le canal d'irrigation qui, partant de la Durance, se jette dans l'étang de Berre pour une branche et dans le Rhône au niveau d'Arles pour l'autre bras. Ces canaux ont permis de fertiliser des milliers d'hectares de terre cultivables à partir de la déviation de la Roque d'Anthéron. En 1559 les travaux atteignent Salon, puis passent devant Eyguières pour atteindre Arles en 1584, bien après la mort du célèbre ingénieur.*

Un olivier dans les
collines de Boulbon.

*JEAN VAN ENS est né à Amsterdam et mort à Arles en 1652 après être devenu provençal. Ce Hollandais, ingénieur des eaux, s'était fait remarquer dans l'Oise par le dessèchement de marais. Soutenu par Louis XIII il procéda au drainage des vastes étendues de marais qui couvraient la région entre Saint-Rémy et Tarascon au nord des Alpilles, de Barbegal jusqu'en Arles sur la face sud. C'est à la suite d'une chute qu'il fit sur la glace que Van Ens décéda après neuf mois de souffrances. A sa mort et bien qu'il fût protestant, les Arlésiens sonnèrent " six clars " au clocher de Saint-Trophime.*

## La Révolution de 1789

La nuit du 4 août 1789 qui déclenche la Révolution a des retentissements plus ou moins prononcés dans les Alpilles. Ainsi à Saint-Rémy, le conseil de la communauté adopte cette motion : " Les plus anciennes chartes qualifient cette communauté de ville royale et inaliénable, et malgré les titres les plus sacrés, elle a été cependant démembrée du domaine de la Couronne pour des motifs insuffisants pour faire taire la loi d'inaliénabilité, et par suite de ce démembrement, elle a circulé dans le commerce, comme si une communauté d'habitants pouvait subir l'humiliation de la vénalité ".

La grande peur qui suivit au cours de cette année-là, reste limitée au territoire entre les Baux et Châteaurenard. Pourtant les échauffements ne tardent pas à s'amplifier, et en 1792 des troubles éclatent à Châteaurenard, Graveson, Maillane, les Baux, Tarascon. En septembre, Eyguières prend la tête d'une coalition de communes contre les Arlésiens et leurs gardes nationaux. Une rencontre oppose les deux forces au col de Mélet, au-dessus d'Eyguières. Deux cents Arlésiens armés d'un canon sont à la recherche de suspects. Ils rencontrent les gens de Salon et des villages environnants, soit six cents hommes et s'affrontent bien que les consuls d'Eyguières tentent d'apaiser les esprits. Mais un coup de feu claque, déclenchant la fusillade générale. Au cours de la bagarre, les Arlésiens perdront leur canon, compteront six morts et sept blessés, tandis que les communes auront deux morts et déploreront cinq blessés.

A Mouriès où la garde nationale est entre les mains d'un coquin, Leblanc de Servane, quelques sans-culottes s'emparent au mois de décembre d'un berger nommé Orèpe, l'accusent d'avoir volé un mouton, l'attachent sur la place du village contre l'arbre de la liberté, puis le précipitent dans un puits.

Folklore provençal.

Manson Saint-Romans, maire des Baux, qui tente de s'opposer à Leblanc, est attiré dans un guet-apens et tué en mars 1793 à coups de poignard. Puis ce sont d'autres opposants, Louis Taugai, Malbrau, Nicolas Villevieille, Mouret, un garçon de 15 ans surnommé la Cigale, qui sont attrapés et pendus sans jugement aux arbres du chemin. Leblanc fait régner la terreur sur la vallée des Baux. Certains s'enfuient et se cachent dans les grottes des collines. Pendant plusieurs mois, les mas des environs sont soumis à des taxations vexatoires.

Un espoir surgit de se débarrasser de Leblanc lorsqu'est créé un groupe de sectionnaires. Mais ce dictateur de village parvient à faire venir un détachement des Allobroges, ce régiment descendu des Alpes sur Marseille et dirigé par Carteaux, qui fait régner la terreur sur son passage. Tous les sectionnaires trouvés sont emmenés en Arles puis dirigés sur Marseille où plusieurs d'entre eux seront guillotinés.

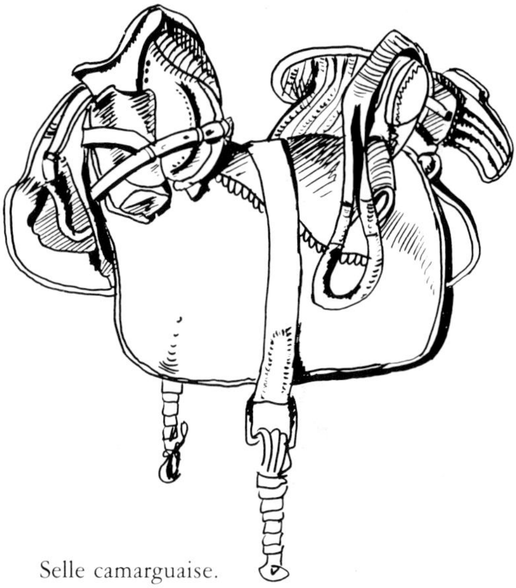

Selle camarguaise.

A Eyguières, c'est le 4e bataillon de l'Ardèche qui vient semer la violence. Le bataillon a acquis une triste réputation en détruisant le village de Bédoin situé au pied du Mont Ventoux. Ses hommes saisissent quarante suspects qui sont emprisonnés à Orange où fonctionne une guillotine. Les malheureux seront sauvés de justesse par la fin de la Terreur.

A Eygalières cinquante personnes sont arrêtées.

La chute de Robespierre entraîne l'arrestation massive des Jacobins. Une cinquantaine sont emprisonnés au château de Tarascon. Le représentant Cadroy vient lui-même ordonner le massacre des suspects et excite les " modérés ", nouveaux vainqueurs, dans leur office de bourreaux. Les prisonniers sont poussés à coups de baïonnettes depuis la terrasse du château vers le vide et précipités dans le Rhône. Mistral raconte dans ses souvenirs d'enfance comment seul le nommé Liautard de Graveson parvint à se cacher dans une cheminée, puis la nuit venue descendit dans le fleuve en nouant les vêtements de ses camarades bout à bout, le traverse à la nage et se réfugie à Beaucaire.

Ainsi se termina la flambée de massacres de l'an IV de la liberté, 1792, dans ce que l'on a appelé à cause de ses tueries, la Vendée provençale.

*LES CHARDONS de Provence furent longtemps renommés pour leur souplesse à carder la laine et que l'acier le plus flexible n'arrivait pas à remplacer. C'est la plaine de la Durance, entre Châteaurenard et Barbentane, qui produisait les plus beaux chardons. Cette culture fut introduite à Saint-Rémy au XVIIIe siècle par la famille Mistral. Ce fut également un produit d'exportation, puisque les chardons provençaux étaient envoyés en Amérique, en Europe centrale et en Afrique du nord.*

*POÈTES ET ÉCRIVAINS DES ALPILLES. Les Alpilles ont fait éclore de grands poètes depuis Joseph Roumanille, un des sept fondateurs du félibrige. De Saint-Rémy, Marcel Bonnet est le plus connu, tout comme Charloun Rieu, le poète-paysan du Paradou, disparu il y a quelques années. A Eygalières, Charles Galtier et Ludovic Souvestre poursuivent cette tradition. Il y a aussi, toujours vivants par leur œuvre ou continuant à écrire, Sully-André Peyre, Charles Mauron, Jorgi Reboul, Calendal Vianès.*

*Quant aux écrivains, Marie Mauron est peut-être la plus célèbre, mais comment oublier le charme de Marie Gasquet !*

Un gardian
(Ferme Chapel à Arles).

DEUXIÈME PARTIE

# A TRAVERS LES ALPILLES

# BARBENTANE

Perchée sur une avancée des collines, l'ancienne Belinto descend peu à peu vers la plaine, vers la Durance enfin jugulée. On dit que le nom de Barbentane tire son origine de l'île de Barban, dont les habitants chassés par une inondation seraient venus se réfugier sur la hauteur emmenant leur nom avec eux.

Venelle du village sur la route de Frigolet.

Mais du relais romain au château du roi Boson construit vers 879, la dernière étymologie intéressante est donnée par Frédéric Mistral qui fait dériver le nom d'une fleur commune dans la région : l'Erbo de la Barben.

Des archevêques d'Arles à celui d'Avignon, les pouvoirs seigneuriaux s'appesantissent sur Barbentane qui obtient toutefois le droit de construire un pont sur la Durance, permettant à ses habitants de poursuivre leur rôle de passeurs de la grande rivière.

Le château
du haut.

Trois coseigneurs se partagent alors le pouvoir temporel, l'archevêque d'Avignon, les Robin et les Puget. En 1362 les Tard-Venus, brigands dévastateurs font leur apparition. Vingt ans après, le désastre recommence avec les pillages de Raimond de Turenne (voir les Baux). Mais cette dernière razzia fut moins meurtrière. Depuis 1365 Angliç Grimoard, cardinal, frère du pape Urbain V d'Avignon, a obtenu de frapper monnaie à Barbentane et fait construire un puissant château fort dont il ne reste que la grande tour dite "Tour Anglica" qui lui coûta 4.000 florins.

La Tour Anglica.

Louis XIV loge à Barbentane lors de son passage en 1660 dans la demeure du baron Jean de Chabert. Cinq ans plus tard, l'archevêque de Marinis fait restaurer la tour.

La peste de 1720 fait fuir les parlementaires des États de Provence qui viennent se réfugier dans la ville. La Révolution voit démolir le château vendu comme bien national ; l'année suivante, 1793, les Allobroges descendus par la vallée du Rhône attaquent la ville, mais sont repoussés.

Enfin en 1843, ce sont trois cents carlistes espagnols émigrés qui se réfugient à Barbentane.

Le Château des Puget-Barbentane.

## Le château des Puget-Barbentane

Cette très belle demeure des XVII$^{e}$-XVIII$^{e}$ siècles fait la joie des visiteurs. Un miroir d'eau brille au milieu d'un parterre fleuri devant la façade classique. C'est en 1654 qu'a été érigée cette noble ordonnance couronnée d'un fronton et de pots à feu. Au milieu du XVIII$^{e}$, Joseph Pierre Balthazar Hilaire de Puget, marquis de Barbentane sera nommé ambassadeur à Florence. Il en ramènera la décoration toscane de marbre qui fait l'originalité du château. Le domaine habité pendant la Révolution n'a pas été pillé et les salles ont conservé leurs meubles d'origine. L'actuel marquis et sa famille habitent encore le domaine dont le château reste entouré de sa basse-cour, des écuries, de son orangerie et de son parc.

L'intérieur surprend par ses marbres : sols, consoles, devants de cheminées varient leurs couleurs et leurs motifs ; des angelots et des atlantes complètent le décor italianisant.

Le rez-de-chaussée se caractérise par ses deux appartements ; au sud celui d'hiver ; au nord celui d'été. Sur le côté méridional, on visite un beau salon décoré de stucs XVIII$^{e}$. De part et d'autre de la cheminée, se trouvent deux petites maisons dont l'autre façade donne dans le salon du nord. Ces constructions exceptionnelles témoignent de la recherche du confort, permettant de loger les commodités de l'époque.

Au nord, un salon central est couvert d'une belle voûte plate. Aux angles, quatre statues de marbre : Diane, Vénus, Orphée et Apollon. Des portraits familiaux sont inscrits dans des médaillons ovales. Sur un côté, une commode en " vernis Martin ", verte et dorée, est une des rares œuvres subsistantes des recherches de cet ébéniste marseillais.

Le salon du nord-ouest garde la seconde face des petites maisons qui y débordent largement. Un boudoir tapissé de chinoiseries garde un sofa qui rappelle les " radassières " des bastides provençales et les siestes des après-midi d'été.

Les arcades de l'ancienne mairie.

Le salon du nord-est est l'ancienne salle à manger. Luxueusement habillée de marbres blancs, gris et noirs, sa belle voûte plate abrite toujours la fontaine et la table à découper. Des meubles peints en noir conservent le souvenir de la mort de Louis XVI. Une extraordinaire paire de canapés aux dossiers dissymétriques fait surtout l'orgueil de ce salon. La bibliothèque attenante fait le pendant du boudoir. Une table à jeu est entourée de ponteuses, sièges utilisés par les joueurs.

Dans le hall une très belle bergère à oreillettes attire l'attention. L'escalier, bâti de pierres grises dures de Barbentane et de pierres blanches tendres de Fontvieille, enroule sa rampe en fer forgé jusqu'à la chapelle. Un retable en bois doré met en valeur les saints familiaux. Dans l'embrasure d'une fenêtre, des jouets anciens font des tâches de couleur.

A l'étage, une belle chambre a gardé son mobilier XVIII^e^ et un exemple de papier peint à fleurs primitif.

La visite se termine par une descente vers le parc où d'énormes platanes, parmi les plus anciens de Provence, étalent avec force leurs ramures de trois cents ans. Sur les balustrades, des corbeilles de fleurs et des monstres grotesques apportent leur animation. Sur le socle d'une sphinge on lit : " Fait par Bufiardin. 1776 ".

*JEAN-BAPTISTE II DE PUGET, seigneur de Ramatuelle et de Bras fut maréchal des camps et armées du Roi. Le Grand Condé, sous lequel il avait porté les armes pendant la minorité de Louis XIV, l'avait en grande estime pour son courage et sa valeur et l'appelait le Brave Barbentane. Il fut élu premier consul d'Aix, procureur du pays en 1665 et épousa Marguerite de Bionneau, fille d'un capitaine des galères. Ils eurent quatre fils et une fille, dont Pierre de Puget, tige des seigneurs de Barbentane par son mariage avec sa cousine de Puget de Cabassole Réal.*

La Croix des Veuves.

## Promenade dans Barbentane

On accède au vieux village par la porte Calendale, vestige des remparts du XVIe siècle. Au n° 6 de la rue, est une superbe maison du XVIIe avec sa vierge d'angle et des poutres débordantes sculptées de dragons. Plus haut, on parvient à la place de l'église. Commencée au XIIIe, mais terminée en 1407, elle a subi les ajouts de ses nefs latérales aux XVIe et XIXe siècles. La chapelle nord, près de l'autel, est consacrée aux saints Pierre et Paul dont les nobles effigies sculptées dans des médaillons ovales veillent sur les armoiries des

Modillon de l'église.

La pomme du puits de la place.

marquis de Puget de Cabassole de Réal de Barbentane. La flèche du clocher vient d'être reconstruite, à sa base quatre belles gargouilles médiévales ont des ailes de chauve-souris ou s'enroulent de serpents.

L'église de Barbentane.

La maison des Chevaliers.

Face à l'église, la maison des Chevaliers est l'ancienne mairie. Les armes du village, une tour, figurent encore sur la porte de l'escalier. Une belle galerie portée par des colonnes confère à la demeure une noblesse italianisante.

En poursuivant la traversée du village, on passe sous la porte Séguier à quelques mètres de la tour Anglica.

Sur la route de Frigolet, en débouchant sur le plateau, se dresse à gauche le moulin de Bretoule, seul survivant des sept moulins à vent de Barbentane.

La porte Séguier.

Intérieur
de la porte
Séguier.

C'est aussi un des rares moulins de Provence à avoir été conservé a peu près intact.

Le Moulin de Bretoule.

## BARBEGAL

A dix kilomètres au sud de Fontvieillle, dans la plaine, se trouve un des plus curieux monuments romains de la Provence. Il s'agit d'une meunerie hydraulique que l'on visitera en se promenant. Pour y parvenir, il faut suivre les arches de l'aqueduc en ruines que l'on trouve sur sa gauche, au pied du dernier ressaut des Alpilles. Dans un vallon l'aqueduc dresse quelques-unes des dernières arcades subsistantes, puis traverse un mamelon par un canal creusé dans le roc. Sur la pente sud se trouve la meunerie. Cet ouvrage, destiné à fonctionner de façon industrielle, comprenait seize meules réparties sur deux rangées le long de la pente ; elles étaient alimentées par le flot de l'eau réparti en deux branches. Ces ateliers s'étageaient les uns au-dessous des autres sur toute la hauteur de la colline. Les meules de lave basaltique avaient

L'arrivée à Barbegal.

de 80 à 90 centimètres de diamètre. Elles tournaient grâce à un judicieux système de roues à aube, et pouvaient moudre de 15 à 20 kilos de blé à l'heure.

L'aqueduc de la meunerie hydraulique.

De Lucius Vérus à Constantin, durant les III^e^ et IV^e^ siècles, a fonctionné ce moulin étonnant par le modernisme de sa conception.

La meunerie de Barbegal est la seule installation de ce type déjà industriel que l'on ait trouvé à travers l'immense empire romain. Elle était destinée à assurer le ravitaillement en farine d'Arles à cette époque capitale d'empire, mais n'y suffisait pourtant pas. Son emplacement fut choisi en fonction de la pente du mamelon où elle s'étage à la limite des collines. On retrouve les vestiges de l'aqueduc qui l'alimentait en eau jusqu'à son origine dans les marais de la vallée des Baux. Dévastée lors de la décadence de l'empire romain puis par les envahisseurs barbares, la meunerie fut abandonnée. Ses ruines sont cependant uniques dans un site où les sonnailles des troupeaux ont remplacé le grincement des meules à blé.

## LES BAUX

Poncius l'Ancien est le premier seigneur des Baux dont il soit fait mention. Nous sommes au milieu du IX^e^ siècle ; tout autour des Alpilles la chrétienté relève lentement ses ruines et reprend vigueur.

Fenêtre de l'ancien hôtel de Manville.

Pons le Jeune qui donne des terres aux chanoines d'Arles meurt en 1026 après avoir épousé la fille de François 1er de Marignane, dont il eut un fils qui le premier porte le nom du "Baou" : Hugues des Baux.

En moins d'un siècle, la famille des Baux va devenir une des plus redoutables de Provence ; ses multiples alliances vont en effet lui permettre d'agrandir sans cesse un domaine immense.

Guillaume Hugues suivra le pape Urbain II venu prêcher la croisade et part en terre sainte. Raimond 1er prend le titre à sa mort. C'est lui qui va déclencher un des plus longs conflits que la Provence ait connu pour faire valoir ses droits sur les terres du comté provençal.

*A L'AZARD BEAUTEZAR. Le blason des Baux porte : de gueules, à une étoile à seize rais d'argent. C'est l'analogie entre le nom des Baux qui signifie le roc, et la première syllabe de Beautezar, le roi mage Balthazar, qui fit prendre aux seigneurs des Baux pour emblème l'étoile qui guida les rois mages jusqu'à la crèche. De même leur cri de guerre "A l'azard Beautezar", s'inspire de cette même analogie de consonances.*

## Vingt ans de guerres baussenques

Gilbert comte de Provence a deux filles, Etiennette la cadette épouse Raimond des Baux, Douce l'aînée épouse Raimond Béranger IV comte de Barcelone. Remarquons que le comte de Forcalquier appartient déjà à une branche de la maison de Barcelone. Or, Gilbert de Provence meurt sans héritier mâle.

Le problème de sa succession se pose alors. Si c'est l'aînée qui hérite, Raimond Béranger, mari de Douce devient l'héritier légitime par alliance directe en cas de décès de son épouse, ce qui revient à faire de la maison de Barcelone une puissance inébranlable.

Or, Raimond des Baux, possesseur de 79 fiefs, terres et châteaux répartis à travers toute la Provence, ne peut accepter d'être le vassal d'un prince étranger.

Cette rivalité conduit par ailleurs Alphonse Jourdain comte de Toulouse à faire reconnaître par les deux beaux-frères la limite entre les terres en 1125. Ainsi le marquisat de Provence, soit sur la rive droite du Rhône Beaucaire et l'Argence, reste au comte de Toulouse dont les terres s'arrêtent sur la rive du fleuve. La Provence proprement dite entre Rhône et Durance, les Alpes et la mer revient à Douce, fille aînée du défunt comte de Provence.

Ne pouvant intervenir directement, Raimond des Baux prétend que, en cas de décès de Douce, c'est à la sœur cadette d'hériter. Ce qui revient alors à faire passer la Provence de la maison de Barcelone à celle des Baux. Ceci fait, Raimond des Baux prend son mal en patience en attendant de faire valoir ses

La lanterne des morts.

droits, et fait des sourires à son beau-frère. Il commande même la flotte qui combat les Maures d'Espagne et l'aide à prendre Majorque.

Douce meurt en 1127, et Raimond-Béranger de Barcelone gouverne seul la Provence. Lui disparaissant, c'est son fils, Béranger-Raimond qui prend la succession, provoquant la colère d'Etiennette et de Raimond des Baux son mari qui réclament la Provence. Le midi se partage entre les deux camps. D'un côté, la maison de Barcelone compte dans ses rangs les seigneurs de Béziers, Nîmes, Carcassonne. Celle des Baux est soutenue par son parent le comte de Toulouse, le comte de Foix et la ville de Gênes.

Les acteurs sont en place, le drame peut éclater. Premier mort illustre des guerres baussenques, Bérenger-Raimond 1er de Barcelone, périt au cours d'un combat contre une galère génoise qui avait pénétré dans le port de Melgueil, fief situé près de Sète et appartenant à son épouse.

La partie aurait pu être belle pour Raimond des Baux, si le comte de Barcelone, roi d'Aragon, oncle et tuteur de Raimond-Béranger II nouveau comte de Provence, n'était venu prendre le commandement des troupes de son neveu orphelin. De plus le comte de Toulouse, principal allié de Raimond des Baux, est à la croisade : la défaite est inévitable.

L'entrevue de Tarascon en 1147 permet à Raimond-Béranger II, comte catalan, de recevoir le serment de fidélité de la plupart des alliés des Baux.

Raimond désormais seul doit traiter ; il meurt à Barcelone pendant les préparatifs du traité qui sera finalement signé en 1150 à Arles, reconnaissant les droits de la maison de Barcelone sur la Provence.

Mais Etiennette a laissé quatre fils du sang des Baux : Hugues, Guillaume, Bertrand et Gilbert. Pendant cinq ans ils attendent, puis Hugues, nouveau seigneur du " Baou " refuse de prêter hommage à l'étranger de Barcelone. En même temps l'empereur Barberousse lui accorde son soutien, légitimant son droit d'héritage.

La guerre reprend aussitôt. Le comte de Barcelone vient au secours de son neveu, comte de Provence, à la tête d'une armée. Le château de Trinquetaille, en face d'Arles, appartient au seigneur des Baux, la garnison refuse de se rendre et résiste durant tout l'hiver de 1160. Mais le comte de Barcelone en profite pour dévaster la campagne environnante et prend le château des Baux. Au printemps, Trinquetaille est pris à son tour et rasé ainsi que trente places fortes baussenques.

Un nouveau traité intervient, mais pour peu de temps, car la mort d'Etiennette redonne courage à Hugues son fils qui reprend le combat. A nouveau assiégé dans les Baux, il est vaincu en 1162 et son château est rasé.

L'empereur Barberousse malgré le soutien qu'il a donné aux Baux donne sa fille en mariage au vainqueur. Raimond Béranger III, comte de Provence, se fait couronner roi d'Arles.

Telle est la conclusion de vingt années de guerres baussenques durant lesquelles un grand seigneur et ses fils luttèrent pour sauvegarder la terre de Provence de l'occupation de princes étrangers.

## La révolte d'Hugues des Baux

Le XII<sup>e</sup> siècle sera pourtant marqué par un redressement de la maison des Baux. Car, tandis qu'en 1176 le comte de Toulouse renonce définitivement à la Provence lors de l'entrevue de l'île de Jarnègues à Tarascon contre 3.100 marcs d'argent, les titres des Baux s'accroissent de celui de prince d'Orange.

Le troisième fils d'Etiennette, Bertrand, épouse Tiburge, fille de Raimbaud III seigneur de la Principauté d'Orange. L'empereur Barberousse, qui a bien des choses à se faire pardonner, accorde à Bertrand et à ses frères de pouvoir marcher enseignes déployées des Alpes au Rhône et de l'Isère à la Méditerranée, et leur confirme le droit de battre monnaie.

Bertrand 1<sup>er</sup> a le vent en poupe ; pieux, il achève la construction de l'abbaye de Silvacane fondée par son père Raimond. Il comble de biens Montmajour, Frigolet, Saint-Paul-de-Mausole à qui il donne le prieuré Saint-Vincentdes-Baux et celui de Saint-Martin-de-Castillon. Il sera pourtant assassiné en 1181, laissant trois fils.

Le cadet Bertrand sera seigneur de Berre, Puyricard, Eguilles et Marignane et ses descendants seront vicomtes de Marseille. Guillaume, le benjamin, prince d'Orange, prendra parti contre les Albigeois qui le prendront vivant près d'Avignon, l'écorcheront vif et le découperont en morceaux.

L'aîné est Hugues IV seigneur des Baux. Il porte dans le sang la révolte ancestrale et défie Alphonse, comte de Provence, qui donne l'ordre de le lui amener mort ou vif. Pris par les habitants d'Aix, qui obtiennent en récompense le droit de couper du bois et de faire paître cinq lieues alentour, Hugues est jeté en prison.

Libéré contre rançon en 1206, Hugues mène désormais une existence tranquille, troublée par ses chamailleries avec l'évêque d'Arles qui prend contre lui des mesures vexatoires en 1228. Ce différend est à peine réglé que Hugues reprend la tête d'une alliance défensive qui groupe les Baux, Tarascon et Raimond VII de Toulouse " contre tous, stipule-t-elle, sauf l'Église, l'empereur, le roi de France et les habitants d'Arles ".

Les voussures du portail de l'église.

Avant de mourir, Hugues connaîtra des ennuis de trésorerie. Il est obligé d'emprunter aux Marseillais et leur abandonne ses parts sur Marseille. Il vend aux Arlésiens l'étang de Vaccarès en Camargue, cède la terre de Lansac aux Templiers en remboursement d'un emprunt de 100.000 sols gagé en 1234 sur Trinquetaille, Méjanes et Villeneuve.

## Au pays des troubadours

Les Baux, seigneurs de guerre, ont eu aussi leurs heures de poésie et de tendresse. Au XII$^{e}$ siècle, Bertrand des Baux est en relation avec le troubadour Giraut de Bornelh. Guillaume des Baux, prince d'Orange est l'ami de Raimbaut de Vacqueiras. Bertrand de Lamanon soutint au moins en paroles la révolte d'Hugues des Baux contre le comte de Provence. Puis ce sont les dames des Baux qui sont chantées, comme Passe-Rose, ou encore Clairette dont parle Pierre d'Auvergne. Quant à Foulques de Marseille, il célèbre Adélasie et Barral des Baux son époux. On dit même que c'est à leur mort qu'il entre au couvent du Thoronet, avant de devenir archevêque de Toulouse. Mais les seigneurs des Baux n'étaient pas seuls à profiter de la compagnie des troubadours et on cite l'amour que Pierre Cardinal porta longtemps à Laudune d'Albe de Roquemartine.

Détail intérieur de
l'hôtel des Porcelet.

Descendant des troubadours, Mistral s'écrie dans Calendal : " O princesses des Baux, Huguette, Sibylle, Blanche-fleur, Baussette, vous qui là-haut pour trône aviez les rochers d'or, corps exquis en beauté, âmes allègres, donnant l'amour, versant la joie et la lumière, les monticules de Montpahon, les landes azurées de la Crau dans leur mirage d'aujourd'hui reproduisent encore votre image. Les thyms eux-mêmes ont conservés l'odeur de vos traces ; et il me semble que je vois encore, guillerets, courtois, coureurs et guerroyeurs, que je vois à vos pieds chanter les troubadours ".

## Les lapins de Barral des Baux

Sénéchal du Comtat Venaissin, Barral, devenu seigneur des Baux en 1238, est obligé de promettre dix paires de lapins à l'évêque d'Arles en signe d'allégeance. Proclamé chef des villes qui ont instauré la république : Arles, Avignon et Marseille, il ne perd pas de vue ses intérêts et bien que podestat il remet Avignon à Blanche de Castille, régente de France, contre la restitution des terres familiales du Comtat. Puis il se rend en Palestine durant deux ans avec neuf chevaliers et dix arbalétriers.

A son retour il prend même le commandement des troupes qui depuis l'abbaye de Saint-Victor réduisent une révolte des Marseillais. Grand justicier de Provence, puis podestat de Milan, Barral meurt en 1270.

Gendre de Béranger IV qui vient de mourir, Charles d'Anjou, nouveau comte de Provence, revendique le royaume napolitain au roi d'Aragon. En même temps, il invite tous les seigneurs provençaux, qui durant des générations ont lutté pour préserver leur indépendance, à se rendre en Italie chercher gloire et fortune. Tandis que Barral des Baux est podestat de Milan, ses fils Raimond et Bertrand font campagne.

Raimond commande l'avant-garde des troupes provençales à la bataille de Bénévent. En récompense de ses prouesses, il reçoit le comté d'Avellin. Grand sénéchal de Provence, commandant de la flotte royale et général de la cavalerie, il se laisse surprendre une nuit en Calabre par des troupes aragonnaises et sera tué par ses propres soldats qui dans l'obscurité ne le reconnurent pas.

Son frère Bertrand est fait prisonnier par le roi de Sicile, mais est racheté. Grand amateur de tournois, il eut à régler de nombreuses dettes couvertes par l'abandon de propriétés telles que le Baucet ou le château de Trinquetaille vendu à l'archevêque d'Arles.

Petit-fils de Barral, Hugues Raimond eut la faveur de Robert comte de Provence et roi des deux Siciles qui le nomme sénéchal de Provence, grand amiral du royaume de Naples et chambellan de la reine Jeanne.

Hugues Raimond veut forcer Marie, sœur de la reine Jeanne de Naples à épouser son fils Robert en 1351. Puis emmenant Marie, son trésor et ses propres fils, Robert et Raimond, il fait voile vers la Provence. Il a le malheur de

L'hôtel Jean de Brion.

s'arrêter à Gayette où Louis de Tarente, mari de la reine Jeanne, le poignarde et se saisit de ses fils. Robert sera d'ailleurs assassiné dans sa prison de Naples par la princesse Marie en 1354 qui se venge par le sang d'avoir été violée trois ans plus tôt.

## On coupera la tête du Pape

Reine de Naples, Jeanne de Provence eut plusieurs maris. Le premier, André de Hongrie, fut sans doute assassiné avec sa complicité par la famille de Tarente. C'est alors qu'elle vend au pape Clément VI la ville d'Avignon pour 80.00 florins. Elle épouse ensuite Louis de Tarente, puis Jacques d'Aragon, enfin Othon de Brunswick avant d'être elle-même assassinée par Charles de Duras.

A Naples, trois grandes familles se disputent la préséance. Celle des Baux est représentée par Raimond II qui se heurte aux Duras et aux Tarente, porteurs du sang cadet de la famille royale.

C'est dans la cité des Baux que va se livrer le premier épisode d'un duel sans merci entre Duras et Tarente.

Robert de Duras s'est réfugié à la cour d'Avignon chez son oncle le cardinal de Talleyrand-Périgord. Pour se venger des humiliations reçues à Naples du seigneur des Baux, il s'allie au seigneur de la Garde en 1355 et entraîne quatre-vingt cavaliers devant les Baux. Le siège est mis. A l'aide d'échelles les assaillants franchissent les remparts et prennent la ville mal défendue en l'absence de son seigneur. Antoine, frère de Raimond, prévôt de Marseille, est fait prisonnier.

La rébellion contre le pouvoir de la reine Jeanne gronde en Provence où accourent aux Baux 300 cavaliers et 300 fantassins. Au consistoire d'Avignon, le pape et les cardinaux s'affrontent. La plupart des membres de la curie soutiennent le cardinal de Talleyrand et son neveu. Le pape menace de leur enlever leur chapeau cardinalice. Les cardinaux menaçent le pape de lui couper la tête. Innocent VI prend peur et s'enfuit à Villeneuve-lès-Avignon.

A son tour la reine Jeanne prend l'offensive. Raimond des Baux, bien décidé à reprendre son bien, 800 cavaliers et une forte infanterie, tiennent conseil à Tarascon. Puis, face au château des Baux puissamment fortifié, ils élèvent une baliste qui va démanteler peu à peu les remparts. Le 20 juillet 1335 après quatre mois de siège, Robert Duras se rend ... grâce à l'argent remis par le pape dirent les mauvaises langues.

Robert devait par la suite se mettre au service de Jean le Bon roi de France et périr à la bataille de Poitiers.

A son tour, Raimond des Baux a des comptes à régler ; les Tarente n'avaient-ils pas assassiné son père et son frère Robert. Supplanté par ses rivaux auprès de la reine Jeanne, Raimond forme une coalition dont l'instrument va être Arnaud de Servole, dit l'Archiprêtre, qui à la tête de quatre mille brigands dévaste le Comtat Venaissin et les bords du Rhône durant quatorze mois.

Parmi eux se trouve Amile des Baux. Innocent VI parviendra à conjurer le péril en payant une forte somme pour éloigner les troupes de Servole. Il écrivait d'ailleurs à Jean le Bon prisonnier en Angleterre : " Chaque jour nous apprenons que les enfants de l'Église sont inquiétés, spoliés, torturés, décapités et perdent la vie dans différents supplices. Les hommes corrompent les vierges, débauchent les femmes, violent les veuves et portent leurs mains sacrilèges jusque sur les vierges consacrées au Seigneur ".

Pourtant la réaction provençale assistée par les 2.500 hommes du comte d'Armagnac et par les Marseillais, prend une bonne partie des fiefs baussenques et va mettre le siège devant les Baux. Désormais la guerre était perdue pour cette " race d'aiglons, jamais vassale ", en disait Mistral, malgré les prouesses d'Antoine des Baux qui de prieur d'Albaron se fit chef de guerre pour soutenir le renom de sa famille.

Raimond des Baux meurt en 1371, sa fille Alix doit lui succéder, mais une période de tutelle doit être assurée par Guillaume Roger de Beaufort, comte de Turenne, dont la maison donna deux papes à Avignon, Clément VI et Grégoire XI. Neveu et petit neveu des deux pontifes, Raimond de Turenne va faire parler de lui pendant vingt ans.

*ARNAUD DE SERVOLE, dit l'Archiprêtre, porte ce surnom à cause des fonctions qu'il tint à l'archiprêtré de Vélines près de Périgueux. A la tête de troupes de brigands, ainsi appelés à cause de leur vêtement, la Brigandine, il vint par deux fois faire le siège d'Avignon. Le pape s'en débarrassa en lui donnant 1.000 florins d'or.*

## Les brigandages de Raimond de Turenne

Voici jailli de la maison de Turenne, le personnage médiéval par excellence. Batailleur et turbulent, Raimond s'est battu en Flandres pour la couronne de France. Il s'est battu en Italie pour le Saint-Siège. Il est aussi possesseur de nombreuses terres en Provence dont Saint-Rémy et quelques autres, prises en compagnie du sénéchal de Beaucaire.

Raimond de Turenne reproche au pape de lui retenir de l'argent prêté par son père. Il reproche aussi à Marie de Blois, veuve du comte de Provence, Louis 1er, de lui prendre des terres dans les Alpilles.

La guerre recommence en Provence. Les atrocités commises par Raimond le font surnommer “ le fléau de Provence ”. Sa femme est sa compagne sur les champs de bataille, sa mère, Eléonore de Comminges, abrite ses troupes à Meyrargues, aux Pennes, aux Baux. Du haut des falaises et des remparts de cette forteresse, Ferragus, commandant le château, fait jeter ses prisonniers dans le vide.

Une trêve intervient pourtant avec Marie de Blois en 1399. Puis le pape lance une excommunication contre Turenne qui répond par la plume de Froissart : “ Le pape et les cardinaux comptent me lasser par leurs excommunications, ils se trompent. Ils ne réussiront pas mieux à lever des troupes en promettant des indulgences ; j'aurai beaucoup plus de gens d'armes pour 1.000 florins qu'ils n'auraient pour toutes absolutions qu'ils pourraient faire donner en sept ans ”.

Pour tenter de mettre fin à ces luttes, les États de Provence lèvent alors une armée de quatre corps de troupes. En juillet 1393 le siège des Baux commence. Dix maîtres charpentiers de Tarascon montent deux “ bastides ” avec du bois venu d'Avignon. On vient au pied des remparts réclamer la tête de Raimond, mise à prix, mais en vain. Le pape Clément VII, qui n'a pas été reconnu par Turenne, lui ordonne six mois plus tard de se présenter devant son tribunal comme larron, incendiaire et pillard.

Turenne ricane depuis les rochers des Alpilles. Son gendre, le maréchal Boucicaut, essaie de lui faire entendre raison, sans résultat.

Marie de Blois est à Tarascon en 1395 lorsqu'elle proclame le crime de lèse majesté, la confiscation des biens de Turenne et la mise à prix de sa tête pour 10.000 livres. Turenne ricane.

Le brigandage continue, le pillage des récoltes s'intensifie et la misère s'installe dans les campagnes.

Alors le sénéchal de Provence et celui de Beaucaire arment trois cents lances de trois chevaux chacune (lance, page et gros valet), 1.300 fantassins, dont 400 arbalétriers, y ajoutant les troupes de Marseille, d'Arles et de Tarascon, plus dix détachements envoyés par le roi de France.

Après dix-huit jours de siège, Pertuis ville forte de Turenne est prise. Mais les nids d'aigle de Roquemartine et de Vitrolles résistent. Turenne ricane encore.

Il faudra la défection de 3.000 hommes descendus du Rouergue, arrêtés par le sénéchal de Beaucaire, la prise de plusieurs châteaux, Montpaon, Castillon, Mouriès, Eguilles, les Baux, et le manque de vivres pour que la paix intervienne le 7 juillet 1399.

Mouluration
d'une corniche.

Pendant quelques mois le pays respire. Las, le vicomte de Turenne est habité par le diable. Il reprend ses rapines, met le feu partout où il passe. Réduit, vaincu, mais ricanant toujours, il se réfugie à Tarascon où le frère de Louis II comte de Provence le force à traverser le fleuve en barque pour s'échapper. En essayant de passer de sa barque dans un bateau (d'autres disent que c'est au moment où il abandonne sa monture pour monter dans une barque), Turenne tombe à l'eau et se noie en l'an de grâce 1400. Il fut enterré dans l'église Saint-Martial d'Avignon.

## Le testament d'Alix des Baux

Pendant vingt-six ans les Baux vont vivre en paix sous le gouvernement d'Alix qui retrouve enfin sa place. Veuve deux fois, elle s'éteint le 4 octobre 1426, donnant l'occasion à la reine Yolande d'Aragon veuve de Louis II de Provence de venir mettre le siège devant le château, qui se rend après quatre mois de résistance.

Les Baux, terre indépendante durant cinq siècles, symbole orgueilleux de la Provence féodale libre, sont alors annexés au comté de Provence comme " terre adjacente ".

Alix des Baux en mourant a laissé un inventaire du château, témoignage précieux de l'existence médiévale.

Un quadrilobe de l'église Saint-Vincent.

Le château des Baux comprenait à cette époque trente-cinq pièces, sept tours et d'épaisses murailles. Dans les réserves à provisions on trouve des vins blancs et rouges, du porc et du bœuf salé, du blé, 300 vaches, 104 bêtes "rossatines" et 13 poulains.

Les armes sont abondantes, cuirasses, arbalètes, couleuvrines, bombardelles, girelles, de quoi fabriquer de la poudre à canon. Tout cela est vendu ou emporté au château de Tarascon.

Dans la chambre d'Alix on trouve deux chandeliers d'argent, huit chapelets, un livre d'heures de Notre-Dame garni de drap d'or, sept psautiers à fermoirs d'argent doré, mais aussi de la vaisselle d'or et d'argent, des bijoux, des robes de soie, des velours, du vair et du drap d'or, ceintures, fourrures, tapis, romans, coffrets ... Et la liste se poursuit avec l'énumération des chambres de la rose, chambre neuve, du parement, dans la chapelle, la chambre du pape, le cellier, le lardier et tout le reste du château.

Le domaine indépendant des Baux a certes vécu, mais ses habitants continuent à jouir d'un statut particulier. Ainsi ils ne peuvent être détenus en prison que dans leur propre ville. Le droit de pêche leur est reconnu ainsi que le droit de chasse. Les droits d'octroi leurs sont supprimés, ils sont dispensés de payer la gabelle.

A partir de 1513 les Baux sont administrés par des barons. Le premier, Bernardin, rend visite à François 1er qui, de passage à Tarascon, ratifie les privilèges de la communauté en 1515.

Le roi nomme l'année suivante Anne de Montmorency grand maître de France, capitaine des galères du roi, à la tête des Baux.

En 1536, l'invasion de la Provence par Charles Quint submerge Aix. Le château des Baux recueille alors les archives de la province. La belle conduite de Montmorency incite le roi à rendre visite à son serviteur aux Baux et il octroie à ses habitants l'établissement de deux foires annuelles.

Capitaine viguier de la place des Baux, Claude Manville a laissé des traces dans les Alpilles, puisque la mairie actuelle était son ancienne demeure, de même un ancien moulin au-dessus de Mausanne porte son nom.

*AUX BAUX, le rapport des terres au cours du XVIe siècle est de 1 pour le laboureur, de 5 pour le bourgeois et de 10 pour le noble.*

*LA MORT DU CHEVALIER DE LORENE : Lors du passage du duc de Guise aux Baux à la fin du XVIe siècle, son frère François Paris de Lorène, chevalier de l'ordre de Saint-Jean-de-Jérusalem, se trouvait sur les vestiges du château lorsque avisant un vieux canon, il voulut montrer à l'assistance qu'il savait s'en servir. Il le fait charger et met le feu à la pièce. "Le canon se creva deux pans proche de la culotte et brisa la cuisse droite et le genou du prince et le blessa un peu au côté droit", raconte la chronique. Il mourut une heure et demi après avoir reçu l'extrême onction et prié les assistants de le faire ensevelir en Arles.*

## Du siège de Louis XIII aux princes de Monaco

Le dernier baron des Baux est Antoine de Villeneuve. Nommé par la faveur de Gaston d'Orléans, ennemi du roi, bien qu'étant son frère. C'est pourquoi Richelieu et Louis XIII voulurent s'assurer de la place forte des Baux, instruits par l'expérience passée qui prouvait amplement ses capacités de résistance. Le duc de Guise est gouverneur de Provence. Au reçu de l'ordre royal, il envoie le capitaine Saucourt et cent hommes sommer la ville, bien enfermée dans ses remparts, de se rendre. Les habitants rétorquent qu'ils ne s'ouvriront qu'au roi, à qui ils envoient un messager. Saucourt fait de même et investit la place. Pendant vingt-sept jours, les deux partis se défient du regard, jusqu'à ce que les ordres de sa majesté arrivent.

Et les habitants des Baux sont contraints de remettre la place au roi, en passant par son représentant, le capitaine Saucourt.

Dans cette affaire, les Baussencs seront grugés, puisque le 29 août 1631, quelques semaines après leur reddition, ils apprennent que sa majesté dans sa mansuétude a décidé de leur vendre leur ville, avec leur consentement, pour 100.000 livres payables avant le 15 septembre. De plus ils doivent faire démolir les murailles du château et pour cela payer 5.200 livres à Pol Reboul, maçon de Tarascon, qui fera sauter les tours à la mine. Sous la surveillance de quatre compagnies les remparts sont abattus, et les citernes comblées pour éviter le retour à une éventuelle rébellion.

Finalement, endettés, succombant sous les charges, les consuls des Baux revendirent le domaine au roi qui leur restitua les 100.000 livres en 1642.

Un mois plus tard, Louis XIII donne la terre et la seigneurie des Baux et Saint-Rémy à Hercule Grimaldi de Monaco. Pour écarter les Espagnols du rocher de Monaco où ils s'étaient installés, pendant la minorité d'Honoré II de Monaco, Louis XIII promet à ce jeune prince de lui donner autant de biens en France qu'il en possède en Italie, si à la suite d'un coup de force sur Monaco, les Espagnols qui tiennent l'Italie lui confisquent ses propriétés. C'est ainsi que le fils d'Honoré II, Hercule II, reçut parmi d'autres terres, les Baux et Saint-Rémy.

Le marquisat des princes de Monaco devait prendre fin en 1791 lorsque la cession de leurs biens à la France fut payée sur décision de l'Assemblée Nationale.

Quant aux habitants des Baux, leur sécurité étant désormais assurée, ils commencèrent à déserter lentement le village de rochers, pour s'installer dans la plaine et bientôt dissocier du village des Baux, les lieux-dits Mouriès et Maussane pour en faire des communes indépendantes.

*PENDANT LA RÉVOLUTION, une profonde scission se fait entre le village d'en haut, les Baux, et ceux d'en bas, Mouriès et Maussane qui forment la même commune. Tandis que ceux d'en bas suivent leur curé qui prête serment à la constitution civile du clergé, celui d'en haut, le curé Bertrand, refuse de jurer. Pendant quelques mois il continuera à visiter ses paroissiens en se cachant à Aureille son village natal. Mais pris, il est condamné à la déportation et enfermé sur les pontons de l'Ile de Ré dont il ne sortira qu'en 1800.*

*LE ROCHER DE BAUMANIÈRE, à quelques dizaines de mètres de l'hôtel qui porte aujourd'hui ce nom, s'est écroulé le 30 avril 1653 à cinq heures du matin, écrasant une ferme et un moulin, ensevelissant la fille du propriétaire, sa servante, son cheval et ses moutons.*

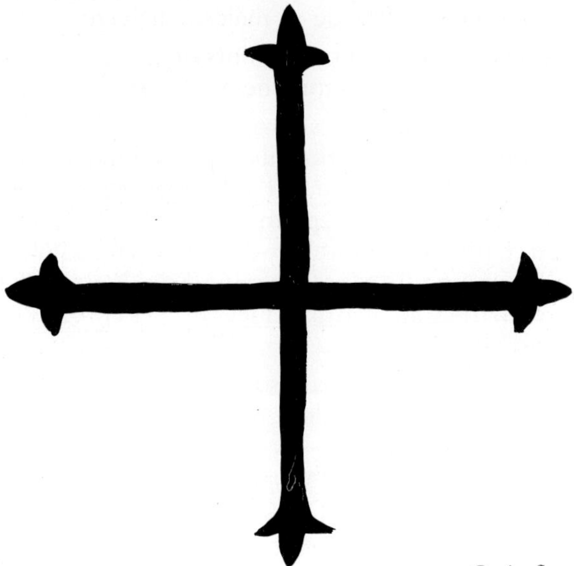

Croix fleurdelisée
sur le sol de l'église.

## Visite des Baux

Un enchevêtrement inouï, des rocs, éboulés, taraudés par le vent, présentant des aspects étranges et des figures d'animaux ou d'inquiétantes cathédrales, aussi hautes que des temples égyptiens, laissent entrevoir des abysses où règnent des dieux inconnus, le paysage des Baux est fait de roc ; il a donné son nom au village, le Baou, le Balcium antique, l'escarpement. Car au milieu de ce charivari infernal qui eut sans doute inspiré Dante, sur un plateau, le village des Baux respire serein au soleil des Alpilles.

On accède aujourd'hui aux Baux par le col de la Vayède. Une brèche dans les anciens remparts a permis cet accès commode qui conduit de plainpied dans le village.

Au-dessus du col, l'ancien oppidum des Bringasses est aujourd'hui accessible en voiture par les coupe-feu (voir la première partie sur la préhistoire).

Naguère le village ne dépassait guère les limites du château solidement ancré sur les falaises. Mais les temps modernes se radoucissant ont permis aux habitants de construire leurs maisons de plus en plus bas, vers Maussane et Mouriès, désertant ainsi la montagne pour la plaine. Au Moyen Age, les Baux groupent trois mille habitants. Ils ne sont plus que la moitié au XVII$^{e}$ siècle, et tombent à six cents au XVIII$^{e}$.

Aujourd'hui, les Provençaux habitent encore les Baux qui doivent à leur site l'extraordinaire renom international qui attire tous les ans des dizaines de milliers de touristes.

Il y a quelques années, les artisans d'art ont commencé à s'installer aux Baux et dans la vallée. Les premiers, courageusement ont repris le métier à tisser traditionnel. Des potiers sont venus, des forgerons et des bijoutiers, des sculpteurs et des santonniers. Les rues des Baux portent les noms de quelques artisans illustres. Louis Jou, le typographe, graveur sur bois et sur cuivre a laissé sa marque dans l'histoire du livre moderne. Créateur d'un alphabet, miniaturiste précieux, façonneur de lettrines et de culs-de-lampe, il a laissé quelques livres entièrement composés à la main qui sont des chefs-d'œuvre et qui connaissent la célébrité.

Lorsqu'on pénètre dans les Baux on passe devant une cheminée détruite, vestige de la maison du Roi, appelée ainsi car servant de logis au représentant de l'autorité royale. Pierre de Vérac, viguier des Baux de 1575 à 1607 l'habita.

Aujourd'hui restaurée, cette maison abrite dans sa partie encore debout la poste et le syndicat d'initiative.

La rue Porte-Mage, continuée par la Grand-Rue, passe devant les hôtelleries, les vitrines des artisans d'art et des marchands de souvenirs, installés dans les anciennes maisons du village. De larges voûtes en arêtes ou plein cintre, de belles cheminées les décorent. La maison de Jean de Brion (XV$^{e}$ siècle), où vécut le sculpteur graveur Louis Jou, abrite une exposition du livre.

Plus loin, la belle façade Renaissance de l'hôtel de Manville, abrite la mairie. Construite par un architecte du Vivarais, Flayelle, on voit encore la trace, sur la partie de la rue des Fours qui suit, d'un ponceau qui reliait l'hôtel à une dépendance du XVI$^{e}$ siècle, dont il reste la monumentale fenêtre. On lit sur le linteau la devise protestante : " Post tenebras lux - 1571 ". Cet " Après les ténèbres, la lumière ", rappelle les luttes religieuses des Baux au cours desquelles les Manville prirent le parti réformé.

Les armoiries des Manville.

La rue des Fours doit son nom aux 5 fours banaux mis à la disposition de la communauté et dont le seigneur tirait des bénéfices. Dans son prolongement la rue du Trencat est taillée dans le rocher ; par elle on parvient jusqu'au plateau qui prélude la visite du château.

## L'hôtel de la Tour du Brau

C'est par l'hôtel de la Tour du Brau que l'on pénètre sur le plateau où est juché le château. Dans la belle salle du XIV$^{e}$ voûtée d'ogives, on a réuni un musée lapidaire avec des tombes à incinération gallo-romaines et une reproduction (l'original est en Avignon) de la superbe Tarasque des Baux. Des éléments de sculpture provenant du château sont exposés. En particulier, la statue de l'architecte qui tient dans une main un taillant. C'est en 1822 que fut découverte la bauxite sur le terroir du village qui a donné son nom au minerai d'où découle la fabrication de l'aluminium. Une mine à ciel ouvert est encore en exploitation au sud-ouest en direction d'Arles.

A la sortie du musée, on laisse à droite le cimetière où est enterré l'écrivain André Suarès, pour voir à gauche la petite chapelle Saint-Blaise qui a été restaurée. Édifiée au XII$^{e}$ siècle, sa structure romane a abrité plus tard la confrérie des tisserands et des cardeurs placée sous l'invocation du saint, martyrisé avec des peignes en fer. Blaise était invoqué pour les maux de gorge et la protection des animaux. La chapelle doit recevoir un musée de l'olivier. L'hôpital qui lui est accolé fut construit à la fin du XVIe siècle par Jeanne de Quiqueran, épouse du gouverneur du château. Il est prévu d'en faire une restauration pour le futur musée.

Sur le plateau se dressent les ruines d'un moulin à vent assez récent, puisque ceux du village et du château furent rasés en 1633 sur l'ordre du maréchal de Vitry. Sur la partie occidentale, une vaste surface dallée servait à recueillir les eaux de pluies qui se déversaient dans une vaste citerne. A la pointe du plateau, le monument dédié au poète Charloun Rieu se dresse face à l'immensité du paysage qu'il a célébré et qui se déroule jusqu'à la mer que l'on aperçoit par temps très clair.

## Le château

La porte de l'Auro, la porte du vent, n'existe plus. C'est par son emplacement que l'on pénètre sur les ruines du château des Baux. A gauche la tour des Bancs, à droite la tour Sarrasine encore debout, solidement assise sur le rocher. Devant nous le Terras, vaste emplacement où aux temps féodaux étaient construits les communs, les magasins et les écuries. Puis les restes de la chapelle Notre-Dame du château du XIIe, transformée au XVIe siècle annoncent l'entrée proprement dite du Castel. En contrebas dissimulés, les alvéoles réguliers du pigeonnier alternent leurs trous creusés dans le rocher ou taillés dans la pierre.

Du château proprement dit il ne reste que des pans de murs. Il faut imaginer les chambres richement ornées, les salles de réception, les appartements. On monte par un escalier moderne sur ce qui subsiste du donjon quadrangulaire construit au XIIIe siècle. La salle du rez-de-chaussée montre encore sa voûte en croisée d'ogives. A sa base une plaque porte gravés les vers de Mistral dans Calendal qui disent : “ Voici les armes coutumières des princes des Baux, la première, par l'ancienneté de son nom et par sa splendeur, des grandes familles provençales : race d'aiglons jamais vassale, qui de la pointe de ses ailes, effleura la crête de toutes les hauteurs ”. Et au-dessus de la plaque, l'étoile des Baux à seize rayons étale la magnificence de sa mystérieuse origine.

Pourtant, la majesté des ruines est impressionnante. Deux cheminements réaménagés à travers les rochers éclatés conduisent l'un vers la pointe, l'autre vers le donjon. Les jours de mistral, les ruades du vent obligent à s'agripper aux rambardes. La violence fait partie de ce paysage laminé par les poussières qui rongent le roc tendre. le paysage est superbe vu de ces hauts qui respirent toujours la puissance baussenque. A l'intérieur des murs du donjon, deux culots sculptés présentent, l'un un chevalier, l'autre un lapin, dernier héritage d'un Moyen Age qui ne cesse de survivre.

## L'église Saint-Vincent

En redescendant du château par la rue Trencat, on tourne à gauche pour descendre vers l'église Saint-Vincent. Au coin de la place de l'Église se trouve la maison des Porcelet, noble famille des Baux qui la construisit au XVI$^{e}$ siècle.

La " lanterne des morts " installée sur le côté de l'église est de la même époque. Cet élégant campanile d'où se penchent des gargouilles recélait, dit-on, une flamme lorsque la nuit la mort rôdait dans les ruelles.

Clé de voûte à Saint-Vincent.

Un large escalier monte jusqu'à la nef de l'église romane au clocher carré coiffé d'une pyramide. Le porche est en plein cintre encadré de colonnettes. Les deux premières travées et le bas-côté sud de l'édifice sont du XII$^{e}$ siècle. Le bas-côté nord est du XVI$^{e}$, et comprend les chapelles des Tondeurs de troupeaux, de Saint-Sébastien et des Manville. De l'autre côté se trouvent les chapelles de Sainte-Luce, de Sainte-Anne et du Rosaire où est placée une barque des Saintes-Maries-de-la-Mer.

L'Église a été bâtie sur des cryptes creusées dans le rocher et où étaient ensevelis les consuls et les personnages célèbres des Baux. On remarquera les vitraux modernes du chevet qui sont l'œuvre du maître verrier Max Ingrand.

Blason dans une chapelle latérale.

Sur la place, la chapelle des Pénitents blancs orientée nord-sud, fut élevée au XVII^e siècle. La confrérie s'occupait surtout de la sépulture des pénitents qui étaient enterrés dans la crypte. Tombée en ruines, elle fut restaurée par la Maintenance des confréries de pénitents de la langue d'Oc en 1910 et attribuée à Sainte-Estelle.

Au-dessus de la porte deux pénitents agenouillés surmontent les bossages qui ornent l'entrée.

Le peintre Yves Brayer transforma l'intérieur de la nef en la couvrant d'une immense fresque représentant l'Annonce faite aux bergers et la Nativité. La fête de Noël est importante aux Baux, et chaque année, le " pastrage ", la présentation de l'agneau, se déroule pendant la messe de minuit.

On revient au parking de l'entrée en longeant les terrasses où se pressent les maisons anciennes. La porte Eyguière se dresse encore en contrebas, avec ses chemins de ronde et ses multiples défenses. Autrefois seule porte de la cité, elle a été abandonnée récemment.

## Promenades autour des Baux

La montée jusqu'au plateau des Bringasses n'est pas la seule promenade que l'on puisse faire aux environs immédiats des Baux.

A partir du col de la Vayède, on peut, redescendant vers Maussane, prendre à droite, dans l'épingle à cheveux du grand virage à flanc de colline, le sentier qui conduit à une chapelle en piteux état. Au-dessus de la construction, un rocher montre la curieuse sculpture dite des "Trémaié".

On a longtemps cru qu'il s'agissait d'une représentation des Saintes-Maries-de-la-Mer, d'où le nom. En fait on a tout lieu de croire qu'il s'agit d'un monument votif élevé par un romain aux membres de sa famille. Plus loin vers le sud, une deuxième sculpture romaine montre, elle, deux personnages en buste cette fois.

Le Val d'Enfer se parcourt rapidement en voiture par la route qui dessert les hôtels du fond de la vallée. On circule entre des escarpements rocheux impressionnants, tant par leur hauteur que par leurs déchirures. Dans la plaine des Baux, se trouve le Pavillon de la Reine Jeanne, élevé en fait par Jeanne de Quiqueran, épouse d'un gouverneur des Baux. Magnifique dans son style Renaissance, proportionné, chaud dans sa patine dorée, ce pavillon mérite qu'on aille le visiter. Mistral ému par tant de grâce ténue en fit faire une copie pour son tombeau.

Partie des ruines.

A flanc de colline du côté de Costapéra, s'ouvre la grotte des Fées, où Mistral place la demeure de Taven-la-Sorcière. Les salles ont reçues des noms de poète : " Lou Recatadou de la Ratopenado (le refuge de la chauve-souris), Lou Gourgarèu infernau (le conduit infernal), l'Atahut de Misé Taven (le sarcophage de la sorcière) ".

Infestée de chauves-souris, qui avaient laissé sur son sol une grande épaisseur de guano, la grotte faillit être exploitée industriellement au siècle dernier. Les recherches qu'on y a faites ont permis de découvrir des traces abondantes de la civilisation néolithique, à travers les cavernes du Cauchemard, de l'Exorcisme, de la Mandragore et des Esprits fantastiques.

En prenant la route de Maillane, on rencontre sur sa droite d'anciennes carrières aux entrées monumentales. L'une d'entre elles a été transformée en " cathédrale d'images " ; toutes les surfaces souterraines de l'ancienne carrière sont utilisées comme autant d'écrans géants pour recevoir de superbes diaporamas.

Plus haut dans la montagne, les anciennes carrières de Sarragan ont été transformées en caves de dégustation. La coopérative vinicole des Baux y reçoit les visiteurs dans cet endroit fantastique, plein de fraîcheur en été lorsque le soleil percute la roche à l'extérieur.

Les anciennes carrières.

## BEAUCAIRE

A l'époque romaine, Beaucaire devient nécessairement le pendant de Tarascon sur la rive droite du Rhône. L'antique Ugernum n'a pas laissé beaucoup de traces ; pourtant la voie domitienne passait par là pour rejoindre Nîmes, ainsi que l'attestent les bornes milliaires romaines.

Três tôt un château sera construit sur le rocher. En 455, Avitus le Gaulois se fait couronner à Ugernum, rapporte Sidoine Appollinaire ; il perdra sa couronne l'année d'après. En 585, Récarède, roi wisigoth, prend le château d'Ugernum.

*LE CHEMIN DES ROMAINS de Nîmes à Ugernum est découvert en 1830 par le Beaucairois Charles de Virgile la Bastide, à qui on doit entre autres ouvrages un mémoire scientifique sur " les bons effets du sel dans la nourriture des bestiaux ".*

Les toits de Beaucaire.

### Le premier siège de Beaucaire

Lors de la croisade des Albigeois, Simon de Montfort se fait donner la place de Beaucaire dont les troupes françaises sont aux ordres du sénéchal Lambert de Limoux. Mais cela ne pouvait plaire au comte de Toulouse Raimond VI à qui appartenait la ville, il envoie aussitôt son fils le futur Raimond VII à peine âgé de 19 ans, assiéger le château, avec ses alliés de Marseille, Tarascon et Avignon.

La ville est prise sans coup férir, et le siège commence. Montfort à cette nouvelle accourt avec ses troupes. A son tour il assiège la ville où se sont retranchés Raimond et ses alliés. A l'intérieur du château pourtant, les vivres et l'eau commencent à manquer. Le sénéchal hisse le drapeau noir pour indiquer à Montfort qu'il faut faire vite. Mais les attaques successives des Français sont repoussées une à une par les Languedociens et le château sera obligé de capituler. Devant cette perte, Montfort se retire. Beaucaire est alors placée sous la dépendance d'Avignon qui la perdra en 1226 lorsqu'elle sera prise par l'armée de Louis VIII.

La paix se fera en 1229 entre Raimond VII de Toulouse et Louis IX roi de France au terme de laquelle la cité sera intégrée dans le domaine royal. Un sénéchal y est alors installé, qui a la haute main sur l'armée, la justice et les finances.

A son retour de croisade en 1254, Saint Louis fondera une chapelle qui porte son nom, sur la terrasse du château.

La chapelle Saint-Louis.

Lors de la suppression de l'Ordre du Temple en 1307, 45 Templiers seront emprisonnés au château.

Les 2.000 Templiers de France étaient répartis en « maisons » à travers l'Europe occidentale. La Maison de Provence s'étend alors des Alpes à la Catalogne et la principale commanderie était celle de Saint-Gilles à quelques lieues de Beaucaire. L'ordre d'incarcération lancé par Philippe le Bel atteignit tous les chevaliers installés sur la rive droite du Rhône puisque le Languedoc appartenait depuis plus d'un demi-siècle à la couronne de France. Par contre, les Templiers installés sur la rive gauche, en terre provençale appartenant aux comtes de Provence, souverains indépendants, ne furent pas emprisonnés.

Tandis qu'à Paris, à la suite du long procès qui marque l'agonie de l'Ordre du Temple, le roi fait brûler vifs plusieurs dizaines de chevaliers, ceux des commanderies implantées autour de Beaucaire, durent avoir un meilleur sort. Beaucoup plus proches de l'autorité pontificale d'un Clément V, qui finit par s'établir en Avignon, ils n'eurent pas à subir la torture comme leurs frères de Paris, de Lyon ou de Poitiers. L'Ordre est finalement dissous sur l'ordre du pape, le grand maître Jacques de Molay est brûlé en place de Grève en appelant à comparaître devant Dieu dans l'année qui vient Philippe le Bel et Clément V, ce qui arriva. Les Templiers de Beaucaire sont alors libérés et suivent les règles de dissolution de l'ordre établies par le pape Jean XXII ; ils se retireront dans des couvents ou bien profiteront de la licence qui leur est faite de revenir dans leurs anciennes demeures, désormais aux mains des Hospitaliers, et d'y vivre pauvrement.

Le siècle des papes d'Avignon sera calme pour les habitants de Beaucaire. Il faudra attendre 1383 l'arrivée des Tuschins, ces paysans exaspérés par la rigueur des temps, formés en bandes révoltées contre les seigneurs qui dévastent la sénéchaussée de Beaucaire.

En 1419 ce sont les Anglais et les Bourguignons qui assiègent le château, dont le gouverneur Tanneguy du Chatel résiste vigoureusement. Ce même du Chatel sauvera d'ailleurs le dauphin futur Charles VII des Bourguignons lors de son entrée dans Paris.

C'est Jacques Cœur trente ans plus tard qui est accueilli à Beaucaire. Accusé de malversations, il est condamné à mort ; le roi commue sa peine et lui ordonne de se retirer aux Cordeliers de Beaucaire, ce qu'il fit. Deux ans après Jacques Cœur s'enfuit en Italie.

*LE DRAC DU RHÔNE A BEAUCAIRE. C'est Guillaume de Tilbury, maréchal du royaume d'Arles vers 1250, qui raconte l'histoire du Drac. Le Drac est un monstre qui habite au fond du Rhône où il se nourrit d'enfantelets qu'il attire en faisant miroiter l'eau sous leurs yeux. Un jour il séduisit ainsi une lavandière de Beaucaire et l'entraîna au fond des eaux afin qu'elle serve de nourrice à un petit Drac qui venait de naître. La nourrice resta dit-on sept années dans l'antre des dracs et revint un beau jour sur la rive de Beaucaire.*

*JEANNE D'ANGLETERRE épouse de Raimond VI de Toulouse se trouve à Beaucaire en juillet 1197 lorsqu'elle y accouche d'un fils, le futur Raimond VII.*

*LE DUEL POUR LA TERRE. En 1250 à Beaucaire, Raimond Gaucelin et Guillaume de Bouville se battent en duel pour une terre dont ils revendiquent l'un et l'autre la propriété. Ils se blessent mutuellement et s'enfuient devant la colère du sénéchal qui menace de leur faire couper la tête et leur confisque leurs biens.*

*LE PAPE URBAIN V, NÉ A BEAUCAIRE. Guillaume de Grimoard abbé de Saint-Victor à Marseille, " moult saint homme et de belle vie " dit Froissard, est élu pape le 28 septembre 1362 en Avignon. Pétrarque lui écrira : "Je sais que vous vous donnez beaucoup de peine pour ramener la modestie et la décence dans les vêtements... Comment en effet, supporter sans se plaindre, les nouveautés monstrueuses qui s'étalent sous nos yeux, des souliers pointus comme la proue des galères, des chapeaux à ailes, des chevelures entortillées, à longues queues, des peignes d'ivoires plantés sur le front des hommes simulant des femmes". Pourtant si Urbain V mena une vie austère qui le fit nommer au rang des bienheureux, son but fut de ramener la papauté à Rome. Il était né à Beaucaire de Guillaume de Grimoard, baron du Roure et de Grissac et d'Amphélise de Sabran-Montferrand qui était la sœur de Saint Elzéar.*

*LES PAPES D'AVIGNON, Clément VI et Clément VII, pour fuir les pestes qui en Avignon ravageaient la population, se réfugient à Beaucaire. Celle de 1348 aurait fait selon un ami de Pétrarque, 62.000 morts entre le 25 janvier et le 27 avril. Le médecin Guy de Chauliac en a dit : "Les gens mourraient sans serviteurs et étaient ensevelis sans prêtre. Le père ne visitait pas le fils ni le fils son père. La charité était morte et l'espérance abattue". En 1390 ce sera Clément VII qui y viendra respirer un air plus favorable.*

*DRACONIS, MÉDECIN DE LOUIS XI, est né à Beaucaire. Professeur de médecine et chancelier de l'université de Montpellier, c'est sans doute lui qui conseille à Louis XI dont il est le médecin privé de prendre du blé de Nîmes dont les qualités sont fort appréciées.*

## Jugements et massacres

Au début du XVIe siècle, la Réforme s'installe dans le Midi et ses adeptes se multiplient. Les premières persécutions commencent à Beaucaire où, le 13 avril 1543, un arrêt du parlement de Toulouse est rendu contre neuf Beaucairois.

Antoine Armand est brûlé à Toulouse. Antoine Sabathier est brûlé à Beaucaire. Mathieu Castanier et Jacques Caladon sont condamnés à abjurer et à faire amende honorable, tête et pieds nus devant l'église de Beaucaire, un dimanche, portant chacun une bande de drap, un fagot de bois sur les épaules, une torche allumée du poids de trois livres. Les malheureux, après avoir assisté à la messe, seront fouettés jusqu'au sang à travers les rues avant d'être envoyés aux galères à perpétuité.

Cinq autres, Jean Chauvet dit Colombat, Saubert Verdeti, Claude Ferran, Claude Serviel et Claude Blancard, sont condamnés à être brûlés en effigie.

Enfin deux religieux du couvent des Cordeliers, Nicolas Militis et Renaud Chauvet, ont pris la fuite ; ils doivent être arrêtés et un libelle diffamatoire en forme de chanson qu'ils ont écrit sera brûlé.

Le gouverneur d'Aigues-Mortes faisait prêcher chez lui en 1560 ; surpris, le ministre protestant, un Génevois, est arrêté et pendu sur la place de Beaucaire.

L'année suivante une réunion de Protestants se déroule sur la route de Saint-Gilles. A cette nouvelle, les Beaucairois catholiques prennent les armes et se répandent dans les rues en criant "sus aux Huguenots".

A la fin de l'année, un complot protestant vise à s'emparer de l'église Notre-Dame-des-Pommiers durant la messe de minuit. Il sera éventé et n'aura pas lieu. Le 25 février, les Protestants nîmois ravagent les églises. Les Bénédictins de la ville viennent alors se réfugier à Beaucaire.

Le 3 juin, les Protestants alliés aux Nîmois François Pavée, Pierre Suau dit le capitaine Bouillargues, Montcalm de Saint-Véran et Claude Rey, prennent enfin Beaucaire. Ils brisent les autels, les retables, les statues, brûlent les tableaux, traînent les objets de culte dans la boue.

Les Catholiques traversent le Rhône et s'enfuient en Provence. Quelques jours après les Protestants laissent deux cents hommes dans Beaucaire et s'en vont. Les Beaucairois s'entendent alors avec Poncet Durand, le viguier de Tarascon, pour reprendre la ville. Ils ont pour cri de ralliement "Sainte Marie-Madeleine". Le 10 juin, 1.600 hommes vêtus de casaques blanches traversent le Rhône, surprennent les gardiens de la porte Beauregard, massacrent tous les réformés qu'ils rencontrent. Les autres se réfugient dans le château, tandis qu'un émissaire rejoint l'armée huguenote à Montfrin. Celle-ci fait demi-tour, attaque les Catholiques qui plient et se font massacrer. On estime qu'il y eut 1.200 Catholiques tués ou noyés ce jour-là.

Tannegui de Porcelet devient gouverneur de Beaucaire et fait sortir de la ville les derniers Catholiques qui s'y terrent. Un peu plus tard, les soldats protestants non payés commencent à déserter. Des altercations éclatent dans la ville. M. de Cassole, premier consul, est insulté par le quatrième consul Mathieu Rossière, parce qu'il porte la barbe alors que les réformés se rasent soigneusement. "Papiste, traître", lui dit-il, tandis qu'il "tire la barbe avec malice".

Notre-Dame-des-Pommiers est alors transformée en temple.

En juillet le maréchal de Villevieille arrive avec cinquante arquebusiers à cheval et réussit à ouvrir une foire déjà désertée. Ce ne sera qu'au mois de novembre que les Beaucairois catholiques pourront retourner chez eux.

*LE SIÈGE ROYAL DE BEAUCAIRE. La sénéchaussée royale de Beaucaire comprend en 1475 un viguier chef de la justice, un juge royal, un lieutenant de viguier, un lieutenant de juge et un procureur du roi.*

*LE PREMIER CONSUL DE BEAUCAIRE porte un habit en satin ponceau, les autres consuls n'ont droit qu'à du velours cramoisi. Le viguier lui se distingue par une canne d'ébène dont le pommeau d'argent porte les armoiries de la ville.*

*LES ARMOIRIES DE BEAUCAIRE. L'écu est écartelé d'or et de gueules sommé de trois fleurs de lis du premier émail et accolé de l'ordre de Saint-Michel.*

## L'assassinat de Parrabère

En 1576 les Protestants tiennent le château de Beaucaire. Ils en profitent pour abattre la grande tour carrée de trente-six mètres de haut.

Jean de Fons, garde des sceaux au présidial de Nîmes, est assassiné à coups de pistolet dans sa maison de Beaucaire le 13 janvier 1578. On dit que le crime fut commis sur l'ordre du maréchal de Bellegarde, passionnément épris de la femme de la victime, Louise Daudron.

Cette même année, le maréchal de Bellegarde va se débarrasser du gouverneur de Beaucaire pour tenter de lui ravir Mme de la Tourette, jeune veuve dont il est l'amant. Parrabère est un sombre bandit qui, à la tête d'une bande bien armée, tient le château, pille les environs et rançonne les bateaux marchands du Rhône.

Trois gentilhommes manœuvrent le complot. Un Cordelier, le père Bernard Dupuy, se met à sonner le toscin le 7 septembre sachant que cela fera sortir Parrabère de sa forteresse.

Les conjurés, Roquefeuil de Convertis, des Rois de Lédignan et Honorat Dulong prennent les armes en entraînant le peuple trop heureux de pouvoir se débarrasser d'un tyran. Tous se heurtent à Parrabère qui est descendu en ville accompagné de Mme de la Tourettte et de soixante gardes. Dans la bataille qui s'ensuit, Parrabère est tué à coups d'arquebuse. Ses amis s'enfuient ou sont massacrés, comme Durand le Viguier de Tarascon. Madame de la Tourette parvient à se réfugier auprès du maître-autel des Cordeliers et se traîne à genoux en implorant la vie sauve. Mais la foule est déchaînée. Elle est massacrée sur place, son corps est dénudé et traîné dans les rues. On coupe aussi la tête de Parrabère pour la ficher sur les remparts. Son lieutenant Baudunet qui a suivi l'affaire depuis le châeau, fait tirer sur la ville et abat au canon une partie du clocher de Notre-Dame-des-Pommiers.

Le maréchal de Bellegarde continue à battre la campagne. Il essaie même de s'emparer d'Avignon, mais son projet est déjoué par le légat le Cardinal d'Armagnac. Alors il joint ses troupes à celles du gouverneur de Languedoc, Damville, et court assiéger Beaucaire tenu par le Protestant Chatillon, qui est obligé de capituler le 18 février 1579 après six mois de siège.

*ANTOINE ASSETE DIT TOUNQUIERROU est en prison à Beaucaire l'année 1595 en compagnie de deux ou trois mendiantes. Ils sont accusés de sorcellerie, " crimes plus pernicieux et plus dommageables que nul autre ". Pourtant ils ne seront pas poursuivis, les caisses n'ayant pas assez d'argent pour couvrir les frais du procès.*

## Le deuxième siège de Beaucaire en 1632

En 1632 Montmorency, gouverneur de Languedoc, et le frère du roi, Gaston d'Orléans, se révoltent contre le pouvoir royal. Ils marchent sur

Beaucaire dont le gouverneur, Jean de Fayn marquis de Péraut, leur est acquis.

A la demande des consuls, le maréchal de Vitri envoie à Beaucaire 400 Arlésiens dirigés par Bœuf pour résister. Le 2 août le duc d'Orléans entre au château avec 600 hommes. L'arrivée du régiment royal d'Aiguebonne, qui vient en renfort des Arlésiens, déclenche un bombardement auquel les Beaucairois ripostent en tirant des clochers.

Le 6, Monsieur frère du roi se retire en laissant 300 hommes de garnison aux ordres du baron de Vézenobres. Le 9, les Arlésiens partent à leur tour laissant le régiment royal, qui tient également Vallabrègues et Saint-Roman, s'occuper de la place.

Enfin, après un mois de siège où les coups furent espacés, le château capitule. Les armes de Louis XIII triomphent. Sur l'ordre du roi le château sera rasé, les travaux coûteront 6.830 livres. Les Beaucairois qui avaient pris le parti du frère du roi seront condamnés à l'exil pendant un an.

Un ministre, Rey, sera encore pendu sur la place publique avant que n'intervienne l'Edit de Nantes. Lors de la guerre des Camisards, qui dévastera le Languedoc de la mer aux Cévennes pendant plusieurs années, les troupes de Catinat, chef religionnaire, viendront dévaster les alentours de Beaucaire en 1704 ; six métairies sont brûlées, quarante-quatre de leurs occupants sont liés et massacrés.

Pourtant ces escarmouches incessantes laissent parfois un peu de répit ; on en profite pour se livrer aux occupations traditionnelles, lorsqu'elles ne sont pas interrompues. Ainsi en 1662, le prince de Conti gouverneur de Languedoc interdit les courses de taureaux. Son édit n'aura d'ailleurs pas beaucoup d'effet.

Deux ans plus tard, un duel met aux prises deux Arlésiens, MM. de Paris et de Méjanes contre un Beaucairois M. de l'Arche et un Tarasconnais M. de Provençal. La rencontre se fait armés de fusils et de dagues. Le Beaucairois sera tué et le Tarasconnais blessé.

Les habitants des deux villes ne s'entendent pas toujours aussi bien. En 1669, on décide de construire un pont fixe de bateaux pour remplacer les bacs à traille. Les gens de Beaucaire le veulent en amont, face au champ de foire ; ceux de Tarascon le veulent en aval au-dessous du château. Après bien des discussions, et aucun des deux partis ne voulant céder, le pont sera construit en zig-zag pour être mis en service le 21 avril 1674.

Le terrible hiver de 1709 fait geler les oliviers sur une rive comme sur l'autre. C'est à cette époque qu'à Beaucaire deux dames se battent en duel.

Madame de Saint-Paul rencontre un jour une demoiselle maîtresse de son mari. Après un échange de paroles désagréables, la demoiselle perd patience et envoie un chandelier sur son interlocutrice, avant de la provoquer les armes à la main. Les deux femmes se rencontrent dans un jardin, l'une recevra un coup d'épée près du cœur, l'autre sera blessée à la cuisse.

Maison Renaissance.

En 1718, ce sont les Beaucairois tous ensemble qui reçoivent un coup au cœur. Le roi de France n'a-t-il pas eu l'audace d'échanger Belle Isle à Fouquet contre Beaucaire ? Le refus de la population sera après bien des efforts couronné de succès, Beaucaire restera terre royale.

La grande peste de 1720 touche Tarascon. Aussitôt un cordon sanitaire formé de troupes interdit le passage du fleuve. La situation est si grave que la foire de 1721 n'a pas lieu. Ce n'est qu'à la fin de 1722 que l'interdiction de traverser le Rhône est levée. Aussitôt les consuls des deux villes échangent des visites avec force démonstrations d'amitié. Celle-ci n'est d'ailleurs pas vaine puisque Tarascon inondée en 1755 et ses portes balayées par les flots, les Beaucairois viendront secourir leurs voisins.

*LES VINS DE CANTEPERDRIX. C'est à Beaucaire au début du XVII^e siècle que naissent les vins de Canteperdrix, " ainsi nommé du terroir qui le produit près de Beaucaire, comme un vin clairet, le meilleur et le plus excellent que l'on saurait boire ".*

*UNE NUÉE DE SAUTERELLES s'abat sur la campagne beaucairoise en 1613. Les consuls pour en venir à bout offrent deux sols par livre d'œufs détruits. Les habitants de Beaucaire qui n'ont plus de récolte à engranger en ramasseront plus de deux cents quintaux qu'ils remettront à l'hôtel de ville.*

*LE TIR DE L'OIE se pratiquait tous les ans à Beaucaire. On suspendait à la plus haute vergue d'un bateau, une oie morte, qui était le prix du tournoi. Les tireurs à l'arc devaient couper la corde qui attachait l'oie. Ce jeu extrêmement difficile amusa beaucoup Louis XIII à son passage à Beaucaire en 1622.*

*PONS FRANÇOIS DE FERMINEAU, seigneur de Beaulieu, né à Beaucaire, sera avocat du roi au présidial de Nîmes. Il écrit en 1636 un traité des droits de la monarchie, maison et couronne de France. D'autres ouvrages sont connus, dont " le plan de l'anarchie rochelaise, fondée sur les sablons de la mer ".*

*C'EST UN TURC né à Bizerte que l'archevêque d'Arles baptise à Beaucaire dans l'église Notre-Dame-des-Pommiers, le 12 février 1651. Il est le fils de Soliman Gilat et de Fatéma Abdula. Son prénom chrétien sera : "Joseph ", et il aura pour parrain Antoine des Porcelet et pour marraine Madame Gabrielle de Joannis.*

*LA DISETTE DE BLÉ de 1652 oblige les consuls de Beaucaire à effectuer un recensement, ils trouveront 4.495 personnes. En 1709 les gelées font mourir tous les oliviers sur le territoire de Beaucaire, un recensement annonce 7.334 habitants.*

*PORTEUSES DE GERMES DE PESTE, les laines du Levant sont interdites en 1656 à la foire de Beaucaire. Ainsi en décide le parlement d'Aix à l'encontre des marchands de Marseille. Mais ceux-ci qui ont de gros intérêts à défendre passent outre l'interdiction. L'année suivante, des bateaux armés en guerre surveilleront le Rhône pour éviter que ce scandale ne se reproduise.*

## La foire de Beaucaire

La foire de Beaucaire, célèbre durant des siècles par son caractère international, nous est connue par une mention de 1217, lorsque Raimond VI de Toulouse accorda à la ville la charte de la foire de la Madeleine. C'est du moins ce que prétendirent les Beaucairois lors du renouvellement des franchises données par Louis XI en 1464. Contre la somme de 550 livres, le roi accorde à la ville de Beaucaire le consulat, autorise la tenue de la foire franche de la Madeleine et confirme les privilèges reçus du comte de Toulouse et des rois de France.

La foire commence le 22 juillet à minuit et s'annonce au son des fifres et du tambour, tandis que la criée annonce l'ouverture : " De par le roi et sur son mandement de MM. les viguiers, juges royaux et de Beaucaire, conservateurs des privilèges, franchises et libertés données et octroyées par les feus de bonne mémoire roys de France, à l'instance et requête des Consuls de la ville de Beaucaire, pour marchander toutes marchandises pouvant venir francs et quittes, sans payer aucun droit de impost, péages, leude et canage ni autres droits." Telle fut la criée de 1499.

Placée sur le Rhône, d'accès facile par la mer ou par le cours supérieur du fleuve, au croisement des grandes routes de transit, la foire ne pouvait qu'attirer du monde. Au début elle est surtout fluviale, les marchandises restant à bord des bateaux ; mais très vite, elle déborde sur les berges, envahit la rive, puis la ville à tel point que toutes les rues, chaque maison se trouvent englouties sous les marchandises et les gens qui se pressent dans les murs de Beaucaire.

Une course se fait bientôt entre les bateaux marchands. Elle a tellement de succès que la ville offre au premier arrivé un mouton entier dont la toison flotte au sommet du mat du vainqueur. On évalue à sept ou huit cents bateaux, le nombre des embarcations qui s'amarrent à Beaucaire. Le plus au nord se trouvent les bateaux de bois, puis viennent les barques de Gênes, les coches d'eau, les penelles et les galéottes, les vaisseaux espagnols et catalans, les barbaresques, les turcs et levantins, les français du littoral avec leurs tartanes provençales et languedociennes, les anglais et les hollandais, enfin les allèges d'Arles, les canots de Beaucaire et de Tarascon.

Au XVII$^{e}$ siècle, un homme d'affaires de Nîmes, Jean Michel, écrit un poème en languedocien intitulé les "Embarras de Beaucaire". Il a sans doute connu les grands maîtres de la Foire qui à la fin du XVII$^{e}$ s'installent chaque année dans la ville. Ce sont les intendants de Languedoc dont l'hôtel est réservé et les défraiements assurés pour 6.000 livres par la cité. Ils ont la haute main sur la force armée, les corps constitués et les notabilités. Il est certain que dans un tel grouillement de vie il y ait eu des heurts. Les voleurs devaient être nombreux ; on a conservé l'aventure arrivée à ce lieutenant du roi sur lequel crache un passant, qui disparaît aussitôt dans la foule. Un promeneur se précipite sur le lieutenant, prend le ciel à témoin que tous les Beaucairois ne sont pas aussi malpolis et, tout en essuyant l'officier, lui enlève délicatement sa bourse.

C'est que si les marchandises sont franches, elles ont toutefois à payer à partir du XVIII$^{e}$ siècle une partie du denier de Saint-André qui sert à l'entretien du pont Saint-Esprit sur le Haut-Rhône, et à régler le liard du baron à leur passage devant Arles. La liberté des personnes est garantie. Depuis Louis XI jusqu'à la révolution ce droit a été conservé "à moins que l'énormité des crimes ne requit punition corporelle des fautes". En fait il n'y avait que le crime de lèse-majesté à être puni.

Si en 1790, il y a soixante bateaux espagnols dans le port, chargés de poissons séchés, de liège et de barriques de vins, la foire elle conquiert la ville. Dans la rue du château on trouve la laine, sur les quais du canal, les conserves de poissons salés ; la soie est sur la place Notre-Dame ; dans les rues Roque, Courbe et Tupin on loge la quincaillerie, la mercerie et la coutellerie ; dans la rue Haute, les armes et la bonneterie. Rue Voiron, ce sont les toiles. Au Grand Coin, ce sont les cordages et la bourrellerie ; rue des Marseillais, les épices et le savon. Il y a la rue des Tanneurs, celle du Beaujolais, celles des Bijoutiers. Il n'est pas étonnant que la ville de Beaucaire se rende sans risques inutiles lorsque Bonaparte arrive le 28 juillet 1793. La foire lui donnera l'occasion de discuter avec des commerçants et d'écrire l'opuscule fameux du " Souper de Beaucaire ".

Mais lorsque les emplettes sont finies, c'est le pré des bateleurs qui attire les badauds. Là, ils peuvent admirer, au fil des siècles, le produit d'une carpe et d'un lapin, une géante de huit pieds, un Africain qui arrête une balle lancée sur lui à la pointe d'une épée, un lion qui joue aux dominos, un rhinocéros qui danse la cachucha, le sauvage Racaco qui enfermé dans une cage mange des chats, des crapauds et des vipères. Ils peuvent voir une tête pilée dans un mortier sans que son propriétaire s'en ressente le moins du monde. Il y a aussi des ménageries, des léopards, des panthères ou des singes, des marionnettistes et des faiseurs de tours de passe-passe. Ainsi pendant une semaine, sous le patronage de sainte Madeleine, de sainte Anne et de saint Jacques, ce qui permet de faire également de grandes cérémonies religieuses, la foire de Beaucaire déploie ses fastes, l'abondance de ses marchandises, ses étrangers venus de partout, ses dix mille habitants en logeant cent mille pour une semaine.

Elle ne disparaîtra que progressivement au cours du siècle dernier. Le pont suspendu mis en service en 1832 entre Tarascon et Beaucaire sonnera le glas de cette grande foire qui perdra son caractère universel et cosmopolite.

*LES 30.000 SOLS DE BERTRAND RAIMBAUT. Seigneur d'Orange et troubadour, Bertrand Raimbaut vint un jour à la foire de Beaucaire et devant les badauds émerveillés, il laboura le champ de foire avec un attelage de douze paires de bœufs. Pour compléter sa mise en scène il aurait jeté à la foule 30.000 sols d'argent.*

*LE CANAL DE BEAUCAIRE A AIGUES-MORTES, commencé en 1777, il sera abandonné, puis repris avant d'être terminé en 1804.*

*LE SOUPER DE BEAUCAIRE est un opuscule qui relate une conversation que Bonaparte eut le 29 juillet 1793 à Beaucaire, à la fin de la foire, à l'auberge du Cheval Blanc avec deux marchands de Marseille, un Nîmois et un fabricant de Montpellier. Cette discussion sur la situation politique inspira à Bonaparte la parution de la brochure appelée " Le souper de Beaucaire " écrite au mois d'août en Avignon et parue antidatée du 29 juillet 93 chez Sabin Tournal rédacteur du " Courrier d'Avignon ". Une deuxième édition fut imprimée par Marc Aurel, imprimeur ambulant des armées, aux frais du trésor public. C'est en faveur d'une propagande jacobine que Bonaparte écrivit son " Souper " dans lequel il démontre la folie et la vanité de la lutte contre la Convention.*

## Le château de Beaucaire

Dominant la cité, la grande tour médiévale est juchée sur son beau rocher, Bel Caire, en langue d'Oc. Elle attire les regards où que l'on soit dans la ville. On accède jusqu'aux terrasses inférieures par les jardins qui surplombent les toits du vieux Beaucaire. Une tourelle coiffée d'un clocheton à pans recourbés semble jaillir d'un paysage chinois dans le paysage. Un escalier donne le passage par une porte du XIX$^{e}$ jusqu'à la chapelle Saint-Louis. Un assommoir est resté en place au milieu de l'arc du passage.

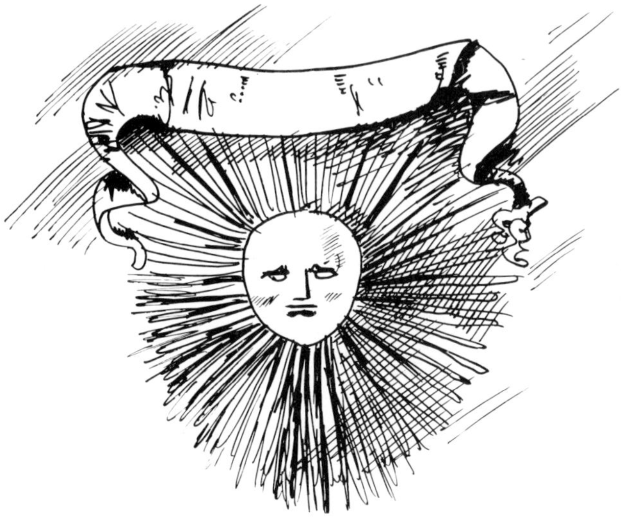

L'emblème au soleil.

C'est après le siège de 1226 et la mort de son père qui s'ensuivit, que Saint Louis donna l'ordre de construire cette chapelle encore romane. Un clocheton carré domine la façade où se détache saint Michel. Le tympan de la porte est simplement décoré d'une croix pattée. Ce n'est qu'en 1297 que la chapelle recevra l'invocation de saint Louis. A l'intérieur des boulets de pierre ou de fonte rappellent l'emploi des trébuchets et des canons pendant les différents sièges du château. On conserve également la croix gothique à double face provenant de la Croix Couverte qui se trouve sur la route de Fourques. Le pied en est fiché dans une couronne à hauts fleurons, motif que l'on retrouve dans certains emblèmes des livres d'heures de Jean, duc de Berry, frère du roi de France et gouverneur du Languedoc en 1395.

Toute la terrasse supérieure a été fouillée. Les archéologues ont retrouvé une immense salle souterraine, une citerne et la margelle de son puits. Sur le rebord sud-ouest, une série de sept contreforts en demi-cercle servaient de soubassement au stylobate d'un monument romain daté de l'époque augustéenne.

Un large escalier descend des fouilles et passe sous le rempart nord par une poterne. Un ancien chemin de ronde passe au pied de la grande tour et domine l'ancien champ de foire ; il communique avec la grande tour ronde du nord-ouest. Le paysage sur le Rhône est ici impressionnant, mais il est véritablement superbe depuis la terrasse de la tour triangulaire (en réalité polygonale), qui est le vestige le plus majestueux du château. On accède aux étages par un escalier étroit et droit dans la partie inférieure. Il débouche dans une salle qui a perdu un plancher intermédiaire. Sur le mur sud, des restes de peinture représentaient naguère saint Louis entouré de saint Michel et de Marie-Madeleine. La voûte est faite de croisées d'ogives et un manteau de cheminée subsiste du côté nord. Un escalier à vis donne dans la salle haute puis sur la terrasse d'où la vie s'étend jusque sur Avignon et le Mont Ventoux, la ville de Tarascon, les Alpilles et le pays d'Arles.

La Tour
Triangulaire.

En redescendant, se trouve le Musée de la Vignasse, installé dans un jardin. De belles collections d'art et de traditions populaires incitent à flâner dans ce lieu fort agréable.

La frise Romane de Notre-Dame-des-Pommiers.

Au pied du château, l'église Notre-Dame-des-Pommiers a été reconstruite en 1734. Sur son côté oriental, dans la rue Charlier, a été refixée la frise romane qui ornait la façade primitive du XIIe siècle. La Cène, le Baiser de Judas, la Flagellation, le Portement de Croix, la Résurrection, sont les motifs principaux de cet ensemble qui mériterait d'être protégé et mis en valeur dans le musée. C'est ici un prolongement de l'atelier du portail de Saint-Gilles, mais qui rappelle aussi les frises de façade de la cathédrale de Nîmes.

Sur la place du Marché, l'Hôtel de Ville porte le blason de Beaucaire,

L'Hôtel de Ville.

écartelé d'or et de gueules. L'emblème du soleil et le décor indiquent l'époque de Louis XIV. De l'autre côté de la place se trouve l'hôtel de Fermineau, de la fin de la Renaissance. Au hasard des rues, de belles façades montrent la richesse de cette ville qui profitant de sa célèbre foire, sut construire de grandes architectures à toutes époques.

Face au double pont qui franchit le Rhône, se trouve le célèbre " Clairon ", taureau brave entre tous et qui eut pour émule dans les courses beaucairoises, le célèbre " Goya " dont la statue se trouve au début de la route de Nîmes. C'est que Beaucaire est une ville de taureaux. Ses arènes en sont réputées et ses habitants sont toujours aussi passionnés pour toutes les sortes de jeux taurins. Mistral raconte qu'un jour, un Beaucairois arriva sans prévenir à la porte du Paradis. Le voyant vivant, saint Pierre ne voulut pas le laisser entrer ; las, son insistance lui permet de franchir la porte dorée. Alors le bon Pierre se glissa à l'extérieur et se met à crier : " Toros, toros ". A ce cri, le Beaucairois se rue au-dehors, tant l'attrait des fauves noirs reste puissant dans la ville de Beaucaire.

Sur la route de Fourques, au-delà du pont de chemin de fer, se trouve un des plus étonnants monuments que l'art gothique a produit dans le Midi de la France. C'est une croix couverte triangulaire. Si son plan évoque la grande tour du château, sa décoration rare, la forme des personnages sont de la fin du XIVe siècle. L'allongement latéral de certaines figures se retrouve dans les

La Croix Couverte.

culots sculptés de la cour du château de Tarascon. Ces croix étaient courantes au long des routes, mais celle-ci est somptueuse. Élevée par Jean de Berry, gouverneur du Languedoc, célèbre pour sa munificence, elle est un témoignage d'une grande beauté, de la générosité de ce prince qui fut aussi un rapace pour la province. La croix sculptée a été retrouvée par les Amis du Vieux Beaucaire et se trouve dans la chapelle Saint-Louis du château.

*LA CHAPELLE DE SAINT-PIERRE-DE-CAMP-PUBLIC est en ruines, au sud de Beaucaire. Elle contenait de belles peintures romanes qui ont été enlevées avant 1930. Ces fresques se trouvent aujourd'hui à Dublin, Irlande. L'abside centrale représente le Christ en gloire entouré par les Évangélistes et six saints. Une autre peinture provenant d'une absidiole montre une Annonciation et les Rois Mages devant l'Enfant Jésus.*

## BOULBON

Le joli village de Boulbon se niche dans un creux de roche au pied de la Montagnette. Dominant la plaine qui s'étend jusqu'au Rhône, un énorme château-fort surveille le royaume de France et le passage sur le fleuve de Vallabrègues. Construit à la fin du XIIIe siècle et au début du XIVe par les Boulbon, le château passe dans la famille des Aubert dont un membre éminent règne en Avignon sous le nom de pape Innocent VI. C'est un de ses neveux, Guy, qui devient seigneur de Boulbon par son mariage avec Enemunde de Boulbon. Son fils, Raymond, lui succède ; c'est de lui que parle Jean Fabri, évêque de Chartres, le 11 mai 1385, il fut présenté à la reine Marie de Sicile : “Ce jour fist hommage à Madame, un jeune escuier qui se nomme seigneur de Boulbon pour un chastel nommé”. Marié à Catherine des Baux, il en eut deux fils, dont Elzéar qui hérite du château et qui épousa en 1392, Peronete, nièce du cardinal de Brogniac. Arnaud Aubert, camérier du pape et son neveu, mourra au château en 1371.

L'épopée du Grand Schisme verra la prise du château par le maréchal de Boucicaut. En 1398, ayant fait prisonnier le cardinal Martin de Salva, tenant du pape Benoît XIII, il l'emprisonna pendant plusieurs mois dans la forteresse. Après le départ des papes d'Avignon, la forteresse est remise entre les mains du sénéchal de Provence, Jean Gantelmi qui en fera don aux Bénédictines de Tarascon afin d'étendre leur temporel.

Ce sont les religieuses qui firent creuser le canal de Campredon qui permit d'assécher la plaine. Leur marque existe toujours sur une borne en contrebas de la route à proximité du panneau indiquant Roque d'Acier, près du pont de Vallabrègues. Plus tard le château sera racheté par le Roi René en 1457. Les Arlatan, les d'Anglure, les Raousset en seront tour à tour propriétaires. Le domaine sera élevé en comté en 1608 pour les Raousset.

La Montagnette à Roque d'Acier.

## Promenade dans Boulbon

Le château attire bien sûr le regard. On y accède par la gorge qui l'enserre sur son à-pic oriental. Les archives disent qu'il était encore en excellent état en 1820, respecté comme il le fut par les révolutionnaires. Seuls les ans et le manque d'entretien en ont fait une ruine. Perché sur ses falaises, ses murs sont impressionnants. Au centre et au sommet, le donjon est la partie la plus ancienne du château et semble remonter à la fin du XIIIe siècle.

Lorsqu'on est sur la grande place du village on peut voir au fond d'une ruelle, et depuis la place, un très curieux monument représentant saint Christophe portant Jésus. Cette rare statue gothique de la fin du XVe siècle a été restaurée comme l'ancienne église des Bénédictines qui est au centre du village.

La chapelle Saint-Marcellin près du cimetière vaut une visite. Construite vers la fin du XIIe siècle, c'est un édifice roman classique, mais fort bien conservé. L'intérieur de la chapelle montre deux très curieux modillons décorant

Saint Christophe.

Le château de Boulbon.

La chapelle Saint-Marcellin et les moulins.

la coupole devant l'abside, représentant des protomés de taureaux, décoration assez courante dans la région. Une très intéressante statue en bois de saint Marcellin est encore en place.

Sur le bas côté nord se trouve un tombeau du XV<sup>e</sup> siècle, deux statues placées sur les pans du dais gothique encadrant la statue du gisant.

C'est dans cette chapelle que se trouvait le "Retable de Boulbon", œuvre de l'école d'Avignon, achetée par le musée du Louvre en 1879.

En longeant le mur du cimetière, un raidillon amène à un calvaire d'où l'on a un beau point de vue sur le village, le sentier se poursuit d'ailleurs pour aller jusqu'aux ruines des moulins.

La chapelle Saint-Victor.

Vestige d'un cadran solaire à Saint-Victor.

A une lieue au sud de Boulbon s'élève la chapelle romane de Saint-Victor, transformée en grange.

A une lieue au nord, sur la route de Frigolet, la chapelle Saint-Julien est un superbe exemple de chapelle rurale du XII siècle.

Il semble que ces édifices aient été construits par les moines de Montmajour qui travaillaient à l'assèchement de la contrée.

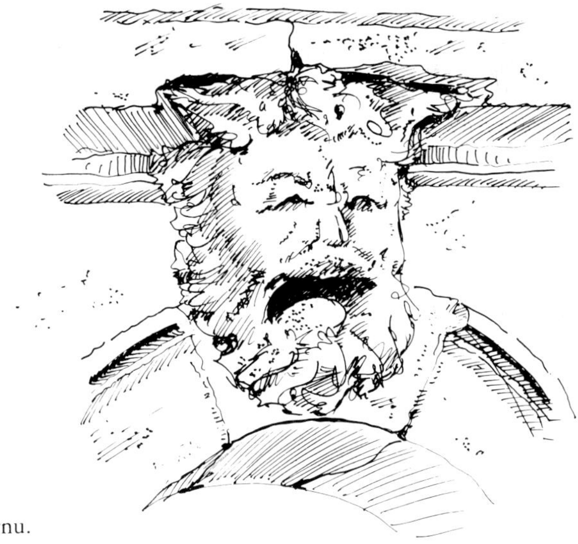

Mascaron cornu.

*LA PROCESSION DES BOUTEILLES appelée aussi fête du Saint Vinage se déroule tous les ans dans la chapelle Saint-Marcellin au mois d'août. Tous les hommes du terroir s'y rendent, porteurs d'une bouteille de vin nouveau qui est béni pendant la cérémonie. Ce vin était autrefois destiné à préserver des fièvres. Suspendue à une époque à cause des abus qu'elle entraînait, la procession a été de nouveau remise en honneur. Saint Marcellin était invoqué aussi contre la sècheresse et les Provençaux disent de lui : Gran san Marcellin, bon per l'aigo e mai per lou vin (bon pour l'eau et le vin).*

Inscription de la place :
*"Toujours tranquille et toujours pure*
*Rien ne troublera plus mon cours.*
*Puisse l'ami de la nature*
*Voir ainsi couler tous ses jours !"*

La ferme de l'Oppidum de Pas-de-Bouquet.

# CHÂTEAURENARD

L'oppidum qui domine la Durance dut être occupé très tôt. En tout cas on y a relevé des traces d'occupation romaine. Ce sont les Renard, fort communs dans la région au XI$^{e}$ siècle, qui ont donné son nom au site.

Guillaume de Châteaurenard part pour la croisade en 1151 et meurt sur la route. Sa veuve cède le domaine au comte Alphonse 1$^{er}$ qui reconstruit le château. La reine Jeanne l'aménage à nouveau et vend la seigneurie au sénéchal Jean Gantelmi, qui donne sa fille en mariage à un Pontevès. La terre est alors élevée en la baronnie avant de retourner à Louis d'Anjou.

Laugier Sapor, évêque de Gap, achète le domaine en 1420 avant d'être emprisonné à Tarascon (voir son histoire à la suite de la description du château). Puis ce sont les Beauvau qui l'habitent.

Commandant le passage de la Durance, Châteaurenard est souvent en conflit avec les gens de Barbentane, jaloux de défendre leur bac pour passer la rivière. Au temps des papes d'Avignon, le château abrita souvent des cardinaux qui ne partageaient pas forcément le même point de vue que le Saint Père. Le pontife finit lui-même par s'y réfugier. Benoît XIII, Pedro de Luna,

La campagne à Châteaurenard.

assiégé dans son palais par les troupes de Boucicaut put s'enfuir par une poterne et gagner le large. C'est le château des Renard qui l'accueillit. C'est là que le comte Louis II de Provence vint lui rendre visite.

La Valette commande les troupes royales lorsqu'en 1589, en pleine guerre de religion, il assiège le château, le prend, le pille. Henri IV en fera démolir les fortifications un peu plus tard.

La lutte du comte d'Alès contre les parlementaires en 1649 se porta contre le château qui appartenait alors au conseiller d'Aimar. Le château fut pris et la garnison ne se retira qu'avec 16.000 livres en poche.

Les derniers barons de Châteaurenard seront les Thomassin de Saint-Paul. Pendant la révolution, 1792, fut l'année fatale pendant laquelle les sans-culottes détruisirent le château. La commune s'appela alors pour un temps " Montrenard ".

## Le château

Remarquablement placé sur un piton rocheux, le château surveille toute la vallée de la Durance. Il n'en reste que deux tours rondes bordées de machicoulis reliées par une courtine. Les ruines ont appartenu en 1914 à un Allemand, Othon Benze de Benzenhofen. Placées sous séquestre elles furent vendues aux enchères et rachetées par la ville.

Un jardin public entoure maintenant les restes du château.

*LA SAINT-ELOI ET LA MADELEINE. Il y a deux grandes fêtes à Châteaurenard qui se renouvellent chaque année : le charroi de la Saint-Eloi et la sortie de la Madeleine. Le premier dimanche de juillet les cultivateurs sortent la charrette ornée d'épis de blé et de fleurs, attelée de nombreux chevaux et qui porte la statue de saint Eloi. Le premier d'août, la fête de la Madeleine permet de faire sortir dans les rues un charroi identique orné cette fois-ci de fruits et des plus beaux légumes et montrant le buste de la République. Il semble bien que la deuxième fête ait été créée par les " Rouges " socialistes, pour s'opposer aux " Blancs " monarchistes au siècle dernier. Quoi qu'il en soit, les mêmes chevaux servent aujourd'hui les deux charrois et les Châteaurenardais applaudissent aussi bien l'une que l'autre avec leurs sonnailles et les claquements des fouets.*

Les tours du château de Châteaurenard.

## EYGALIÈRES

Dans un des plus beaux paysages des Alpilles, un très gracieux village étale ses rues tortueuses autour des ruines d'un ancien château.

L'histoire d'Eygalières, site important d'habitat néolithique, commence avec l'arrivée de la VIe légion romaine qui vient capter les eaux de ses sources pour les conduire par un aqueduc vers Arles et lui donne son nom "Aquileria", la ramasseuse d'eau. Un temple à Sylvanus est alors élevé au point de départ de l'aqueduc. C'est sur ce temple païen des eaux que sera construite au XIIe siècle la chapelle Saint-Sixte.

## Promenade à Eygalières

On entre dans le vieux village d'Eygalières par la porte de l'Auro. Sur la colline l'église Saint-Laurent est du XII^e^ siècle, malgré son clocher tardif qui la dénature. Plus loin, la chapelle des pénitents reçoit les vestiges patiemment recueillis par les amis du vieil Eygalières. On voit sur la colline d'en face la tour du Prieur, un ancien moulin à vent comme il y en eut tant alentour. Plus haut, la tour carrée du donjon supporte une vierge du XIX^e^ siècle. Et puis, en redescendant, la tour de l'Horloge rappelle le rachat de la terre à Henri de Guise en 1660, prisonnier des Espagnols en Italie.

Dans la Grand-Rue, on verra en descendant vers le village actuel, l'hôtel Renaissance des Bruno-Isnard, consuls de la cité. Des artisans d'art et des antiquaires ont remplacé les anciens bourgeois et redonnent au site splendide une vie paisible et chaleureuse.

La rue Montante.

## La chapelle Saint-Sixte

Lorsqu'on sort du village sur la route d'Orgon, à une demi-lieue, une des plus belles chapelles des Alpilles attend, dans la poésie de son mamelon où fleurissent les amandiers. Lieu de pèlerinage, Saint-Sixte a gardé un brin de la magie qui décida les Romains à élever ici un temple dédié à l'eau bienfaisante. Une source importante jaillissait ; elle a été le départ de l'aqueduc d'Arles qui cernait la côte nord des Alpilles sur des dizaines de kilomètres.

Saint-Sixte, merveille des Alpilles, symbole de la fusion entre le rocher, partout présent, et l'homme qui voulut l'habiter.

La chapelle Saint-Sixte, située à l'extérieur du village sur la route d'Orgon, domine la route dans un des plus beaux panoramas des Alpilles. En 1629 elle accueillera son premier ermite. Ils seront dix à se succéder, le dernier connu, frère Jean Vérédème Allemand, est mort en 1855. Pendant longtemps un pèlerinage rassemblera les Provençaux pour la fête de saint Sixte autour de la chapelle ; il ne cessera qu'en 1914.

La chapelle Saint-Sixte.

Le Mas de la Brune.

Le mas de la Brune est un exemple typique des constructions de la Renaissance qui fleurirent dans les Alpilles. Maison de campagne de la famille des Bruno-Isnard, qui donna plusieurs consuls au village et dont l'hôtel présente encore une belle façade à l'intérieur de la bourgade. Sur la façade soigneusement restaurée du mas de la Brune, nom féminisé de ses constructeurs, la date de 1572 rappelle l'époque de sa construction. On remarque sur l'angle sud-ouest la statue d'une sirène tenant un luth qui " représente le symbole de la puissance de la musique qui lors de la mort inspire aux âmes l'amour des choses célestes en faisant oublier les plaisirs mortels ". Au-dessus une inscription dit : " Mortel, vivant, pense et croy que ta fin, sera enfer, ou paradis sans fin ".

## EYGUIÈRES

Le castrum de Aquaria, le camp des eaux, a laissé son nom à Eyguières qui en souvenir porte sur son blason trois aiguières disposées deux et une d'argent sur fond d'azur.

En 1848, le domaine dépend de l'abbaye de Saint-Ruf d'Avignon, puis le château du Mont Menu appartient à Pons d'Eyguières. Au XIIe siècle, Géril, nouveau seigneur prendra parti pour les Baux contre le comte de Provence qui le dépossèdera de son fief. Désormais la famille d'Eyguières va suivre les tribulations de l'histoire provençale. Ainsi le 7 septembre 1385 Jaume d'Eyguières eut-il la tête tranchée en place d'Arles pour avoir ouvert les portes de la ville aux Tuchins, ces bandes de paysans exaspérés par la misère. Ce Jaume a d'ailleurs toujours vécu en marge des grands pouvoirs établis, puisqu'il participe le 24 juillet 1384, au pillage du château de Roquemartine et au meurtre du seigneur des lieux et de son cuisinier.

Autour d'Eyguières.

En 1221, Raymond Béranger comte de Provence donne Eyguières à Pierre Augier. C'est le pape Jean XXII qui règlera en 1325 un différent intervenu entre Bertrand d'Albe de Roquemartine et Pierre de Bénévent coseigneur d'Eyguières.

Au début du XV^e siècle il y aura trois coseigneurs dans la cité, Michel et Antoine du Pont et Félip de Calone qui vendent leurs droits à Catalan de la Roque. Mais Louis II comte de Provence exercera son droit de retrait et redeviendra possesseur du fief. Pas pour longtemps, puisqu'il en fait don en 1416 à Jean de Sade, président du parlement d'Aix, dont la famille en gardera la possession jusqu'à la Révolution.

Un des descendants de Jean, Balthazar de Sade, ajoutera au domaine Romanin et Lagoy par son mariage avec Anne Hugolin. Un autre Sade, Guillaume, sera condamné à mort par la Chambre de Grenoble pour ses exactions contre les Protestants. Seul l'Édit de Nantes empêchera son exécution. Plus tard, il participe au siège de Meyrargues où son cheval sera tué sous lui.

L'invasion de la Provence par les troupes de Charles Quint parviendra jusqu'à Eyguières, Alleins et Vernègues dont les champs seront ravagés.

Le passage du canal de Craponne apportera une grande prospérité sur le territoire de la ville qui vivra tranquille jusqu'à la Révolution.

La chapelle Saint-Vérédême.

Près du cimetière se trouve la chapelle romane de Saint-Vérédême, au-dessus du quartier d'Entrecastel, où on pénètre par une porte moyenâgeuse. L'église d'Eyguières date du XVIII^e siècle, elle a remplacé l'ancienne église romane. La messe de minuit à Noël est célèbre, c'est le dernier endroit des Alpilles, avec les Baux, où se déroule la cérémonie du pastrage, l'offrande des bergers de Provence à la crèche.

*FELIP D'EYGUIÈRES, Franciscain, est mort à Naples en mai 1369 à l'âge de cent ans ? Ce fils du village d'Eyguières vécut en odeur de sainteté. Il est surtout connu pour avoir été le confesseur de saint Elzéar et de sainte Delphine.*

*LA POLICE D'EYGUIÈRES EN 1547 fut organisée par Jean II de Sade qui prescrivit : il est défendu aux étrangers de faire paître leur troupeau sur le territoire d'Eyguières, d'aller la nuit sans lumière, de transporter des gerbes la nuit, de sortir les meules du territoire, de couper les arbres fruitiers. Si on est pris à jouer aux cartes ou à des jeux de hasard, cela coûte 5 sous d'amende. 50 sous pour avoir parlé à un prisonnier du château, mais 10 livres pour être pris à chasser avec un furet. Porter des couteaux longs outre mesure coûte vingt-cinq livres, autant que blasphémer. Quant " aux femmes paillardes et maquerelles vivant lubriquement, il leur est interdit de séjourner plus de trois jours à Eyguières sous peine d'être fouettées et d'être condamnées à dix livres d'amende ".*

*LORS DE LA PESTE de 1641 à Eyguières, le lieutenant du juge, Laurent Husson, fut soupçonné d'avoir attrapé le mal. Pour plus de sûreté, il fut enfermé dans sa maison en compagnie de sa femme et de ses neveux, du 18 février au 26 mai. Finalement un médecin qui reçut 25 florins pour son courage, alla visiter le lieutenant et sa famille et les trouvant bien portant après trois mois de réclusion fit lever l'interdit.*

*LE DROIT DE PELOTE est une prérogative du capitaine d'Eyguières. Quand un homme du village épouse une étrangère, le capitaine vient accueillir les époux à l'entrée des remparts, leur fait un discours, leur donne des fleurs et des dragées. Bien entendu, le marié doit remplir le pot à dragées avec des espèces sonnantes. Ensuite tout le monde va au domicile des mariés en fanfare. Si son écharpe blanche à franges d'or lui conférait la solennité, la demi-pique dont il était armé donnait au capitaine le droit de pourfendre et d'emmener pour la croquer toute volaille errante dans les rues de la cité.*

*JOSEPH DAVID DE SADE après une brillante carrière militaire commandait en 1746 le fort d'Antibes lorsqu'il fut assiégé par les troupes austro-sardes venues en France pendant la guerre de succession d'Autriche. Le siège dura du 19 décembre au 31 janvier pendant lequel la ville reçut plus de trois mille bombes qui détruisirent la plupart des maisons. Malgré cela de Sade refusa de se rendre. Il avait à sa disposition quatre bataillons d'infanterie, un détachement d'artillerie, vingt dragons et vingt maîtres de cavalerie. Il fut finalement secouru et nommé maréchal de camp.*

# FONTVIEILLE

Les hypogées (sépultures souterraines) des buttes de Cordes et de Castellet remontent au néolithique, environ 2.000 ans avant notre ère. Ils figurent parmi les plus anciens habitats connus en Provence. Mais Fontvieille, la fontaine vieille, fait d'abord partie du domaine de Montmajour et un village fortifié s'installe sur le Castellet avant d'être détruit par Raimond de Turenne, en 1386.

C'est des carrières du Castellet que sortirent une grande partie des pierres du château de Tarascon. Mais la découverte de nouvelles carrières à Fontvieille et l'insalubrité du Castellet, entouré de marais, allait faire naître Fontvieille, au cours du XVe siècle.

L'église de Fontvieille fut construite à la fin du XVIIe siècle et agrandie au siècle suivant. Payant la dîme à l'abbé de Montmajour, leur territoire faisant partie d'Arles, les Fontvieillais ne furent formés en commune qu'en 1790.

*CORDES ET LES SARRASINS. La colline de Cordes fut durant plusieurs années une place d'arme des Sarrasins. Ce sont eux qui auraient donné son nom à la colline, Cordes serait alors une déformation de Cordoue. Délogés en 972 par le comte Guillaume, ils reviendront de façon épisodique jusqu'en 1131.*

## Le moulin dit de Daudet

Les ruines des moulins sur les collines qui entourent Fontvieille sont classées monuments historiques. Le moulin de Daudet est situé sur une éminence à la sortie sud de Fontvieille. Pratiquement intact, sa visite est intéressante. Le système de meules est encore en place ; on remarquera tout autour de l'intérieur de la salle de meulage les noms des vents locaux.

Un petit musée contenant de nombreux souvenirs d'Alphonse Daudet se visite au pied du moulin. Une plaque est apposée sur le mur avec les mots de Daudet : "Je revenais au moulin songer au livre que j'écrirais plus tard et que je daterais de ma ruine aux ailes mortes ".

Malheureusement ce n'est pas au moulin que Daudet écrivit ses " Lettres de mon moulin ", mais à Paris durant les soirées d'hiver. Oh, il connut bien la région et vint très souvent y visiter ses amis. Paul Arène l'écrivain provençal fut un de ceux-ci et fut sans aucun doute un de ses inspirateurs. Les lettres demeurent néanmoins un chef-d'œuvre et on peut toujours se dire en regardant les moulins que l'un d'eux fut celui de maître Cornille.

Le Moulin de Daudet.

## La tour de l'Abbé

A l'ouest du village se dresse la tour massive dite tour de l'Abbé. Construite par l'abbé de Canillac, supérieur de Montmajour dans la deuxième moitié du XIVe siècle, c'est un ouvrage de défense contre les bandes de routiers, tout comme celle de Montmajour ou celle de Barbentane.

## L'autel à la coquille

On sort de Fontvieille en prenant la route des Baux. Après être passé devant le château d'Estoublon, grand mas qui se dresse au pied des collines sur la gauche et qui fut brûlé en 1561 lors de la prise des Baux par les Protestants, on prend, un kilomètre après, mais sur la droite, un sentier percé dans un mur du domaine des Taillades. Dans le vallon, à trois cents mètres de la route, en bordure du sentier, on verra un autel romain taillé dans la roche et surmonté d'une très curieuse coquille saint-jacques. Pendant longtemps, les pèlerins qui se rendaient à Compostelle, crurent que c'était là un signe pour leur montrer le chemin. Il s'agit en fait d'une construction romaine.

L'autel antique à la coquille.

## GRAVESON

Cette bourgade riche de ses champs et de ses vergers possède une beauté bien souvent ignorée. C'est cachée au fond de son église que se trouve une abside romane très bien conservée. Voûtée en cul-de-four, elle est décorée par une série de colonnes reliées entre elles par des arcades.

L'abside romane.

Seul vestige de son passé, due sans doute à l'action des moines de Montmajour, coseigneurs de Graveson, l'abside a été intégrée dans l'église moderne.

Il y avait bien sûr à Graveson un château fort qui a complètement disparu. On trouvera dans le passage des guerres de religion à Tarascon, le récit de la prise de ce château, devenu forteresse calviniste entre les mains du comte de Carcès et les exactions qui s'ensuivirent.

Les pénitents blancs de Graveson étaient encore fort actifs au siècle dernier. Ils se rendaient pieds nus à Montmajour au pèlerinage de Sainte-Croix, mais uniquement lorsque cette fête tombait un vendredi, et gagnaient ainsi une indulgence plénière.

Mistral raconte qu'étant enfant il participait à la procession de saint Anthime honoré pour faire tomber la pluie. Tout le monde se rendait, pieds nus, à Saint-Michel-de-Frigolet, en se relayant pour porter la statue du saint. Le soir, si la pluie n'était pas tombée, les porteurs plongeaient trois fois la statue dans "les lones", ces canaux qui parcourent la plaine de Graveson.

# LAMANON

Ce petit village à l'extrémité orientale des Alpilles, vit paisiblement le long de la route et à proximité de son château.

Celui-ci est à voir en passant ; construit en 1660 par un des coseigneurs du village, il appartient depuis toujours à la famille des Plessis.

Mais le grand attrait de Lamanon est dans les grottes de Calès qu'il faut aller visiter en suivant un sentier qui grimpe gaillardement sous les pins d'Alep. Vingt minutes de marche suffisent pour atteindre l'habitat ligure de Calès. Cette série d'infractuosités au sommet de la colline a été habitée dès la préhistoire ; on y a retrouvé de nombreux vestiges des divers occupants. Aujourd'hui une vierge couronne le sommet de ce curieux village troglodytique.

Vue sur les grottes de Calès.

On ne partira pas de Lamanon sans évoquer le Castrum de l'Alamanone et la poésie de Bertrand de Lamanon.

*BERTRAND DE LAMANON écrit un " sirventès ", une chanson critique contre l'archevêque d'Arles en 1235 : "Jamais on n'a vu un prêtre aussi faux posséder un pays, car il ne craint pas de commettre ni injustice, ni péchés ; pendant toute l'année il soulève des querelles, il humilie ses sujets et souvent dans sa folie il les enferme et les met en prison ".*

*BERTRAND DE LAMANON fulmine aussi une chanson contre le comte de Provence Charles qui le privait de ses revenus du péage de Pertuis en instituant la gabelle : " Voyage de viande est perdu faute de sel ". Et comme le seigneur troubadour en avait gros sur le cœur, il termine son " sirventès " par ces mots : " Sans cœur et sans sel, on ne peut être Provençal ".*

*L'ENLÈVEMENT DES MOUTONS DE LAMANON : En janvier 1276 le seigneur Pierre de Lamanon, on ne sait pour quelle raison, donna la permission aux hommes du village de prendre des moutons aux gens de Salon. Ceux-ci fort émus de ce rapt, réunissent huit cents hommes armés de lances, d'épées, d'arbalètes et de massues qui aux cris de " A mort, A mort, Dieu le veut, Traitres de Lamanon ", massacrent les premiers laboureurs qu'ils rencontrent, saisissent tout le bétail qu'ils trouvent, font une dizaine de prisonniers avant de rentrer chez eux. Un procès s'ensuivra au cours duquel les assaillis de Lamanon gagneront des dommages et intérêts importants.*

L'église de Lamanon.

## Le troubadour Bertrand de Lamanon

Bertrand de Lamanon seigneur du village qui porte encore son nom à l'extrémité Est des Alpilles, fut aussi bien gentilhomme que troubadour. Le poète écrit des chansons. Le politique lance ses diatribes à travers les sirventès, ces poèmes à la louange ou à la critique de leurs destinataires. En ce treizième siècle où vit de Lamanon, les occasions ne manquent pas de lancer quelque pamphlet contre le comte de Provence, bien qu'on lui soit fidèle de ce côté des Alpilles. Ainsi ce passage à la gloire du comte de Toulouse : "Comte du pays de Toulouse, par votre vaillance vous avez effacé et vous avez réparé par votre courage les peines et les pertes, la honte et le préjudice que le seigneur des Baux a essuyés ici ; car vous êtes un comte plein de valeur et de sens, vous êtes un comte qui aime la joie et les amusements et qui est honoré par dessus tous les autres, un comte enfin qui apprécie le mérite et la bravoure ".

En 1259, Charles d'Anjou comte de Provence, s'empare du monopole de la vente du sel. C'est une nouvelle occasion pour de Lamanon de fulminer contre cet impôt qui lui enlève de gros revenus, lui-même vendait le sel cinq fois plus cher qu'il ne l'achetait. Il termine ainsi une sirventès : "Lâches barons, chassez donc ces juifs malhonnêtes, misérables et lâches, et souvenez-vous du sel, sinon, vous ne serez jamais de bons Provençaux".

Bertrand de Lamanon avait la satire mordante. Lié à la cour de Provence, il suivra la plupart des déplacements de ses comtes et rencontrera ou fera ses amis de nombreux troubadours. Ainsi Sordel, Peire Bremon, Guiso de Cabanas, Branet et Blacatz. Mais, même si dans quelques-unes de ses chansons il remet le conflit qui l'oppose à un de ses compères au jugement d'une dame, il préféra toujours le combat à l'amour, la politique à la courtoisie.

Acrotère.

## MAILLANE

Sur ces terres plates de la petite Crau, les Romains commencèrent sans doute les premiers travaux d'assèchement. Les moines de Montmajour reçoivent les terres de Guillaume de Provence et recommencent à draîner les marais. Une église est construite, au début du XIIe siècle, puis en 1282 Guillaume de Porcelet, échappé au massacre des Vêpres siciliennes, est de retour en Provence, il élève une chapelle à sainte Agathe sa protectrice, qui lui a permis d'échapper au massacre général des Français de Sicile, le lundi de Pâques à l'heure où les cloches sonnaient les vêpres.

Pendant les guerres de religion, Huguenots de Carcès ou troupes royales conduites par le seigneur de Maillane en personne pillent la ville.

Maillane est la cité de Mistral, on y voit encore, le mas du Juge où il naquit, la maison du Lézard, où il vécut avec sa mère ; celle qu'il fit construire après son mariage est devenue un musée.

*UN ÉLÉPHANT A MAILLANE. Nul n'a jamais pu expliquer d'où provenait la carcasse de l'éléphant découvert à Maillane au milieu du siècle dernier par des ouvriers qui creusaient les fondations d'une maison. Le squelette non fossile a déclenché une nouvelle bagarre sur le sujet tant disputé du passage du Rhône par les éléphants d'Hannibal durant les guerres puniques.*

## Frédéri Mistral

Le grand Mistral en Provence s'appelle Frédéri, et non Frédéric comme ailleurs en France. Né le 8 septembre 1830, au sein d'une famille paysanne aisée, il commence ses études à Maillane, puis à Saint-Michel-de-Frigolet, Avignon ensuite et le collège royal. C'est ainsi qu'il arrive au baccalauréat. A Aix il fait du droit et passe une licence. Depuis longtemps déjà la poésie lui travaille l'âme et la langue de Provence lui anime le cœur. Ses études terminées et tout en surveillant les travaux des champs, remplaçant son père devenu aveugle, il conçoit le grand projet de « Mirèio », qui deviendra l'opéra mondialement connu. Il fait aussi la connaissance de nombreux poètes provençaux, lance avec eux des congrès qui n'aboutissent pas avant qu'en 1854 ne soit fondé le Félibrige.

*FRÉDÉRI MISTRAL est né le jour de Notre-Dame-de-Septembre en 1830. Sa mère, en l'honneur de la vierge voulait l'appeler Nostradamus, mais le prénom fut refusé tant à l'église qu'à la mairie. Alors on appela le nouveau-né Frédéri, à la mode de Provence.*

## La naissance du Félibrige

Mistral raconte ainsi la rencontre : « Il fut écrit au ciel qu'un dimanche fleuri, le 21 mai 1854, en pleine primevère de la vie et de l'an, sept poètes devaient se rencontrer au Castel de Font-Ségugne (à Châteauneuf-de-Gadagne à trois lieues d'Avignon). Paul Giéra, un esprit railleur qui signait Glaup (par anagramme de Paul G.) ; Roumanille, un propagandiste qui, sans en avoir l'air, attisait incessament le feu sacré autour de lui ; Aubanel, que

Le tombeau de Mistral.

Roumanille avait conquis à notre langue et qui, au soleil d'amour, ouvrait en ce moment le frais corail de sa grenade (La Mióugrano, la grenade entr'ouverte) ; Mathieu, ennuagé dans les visions de la Provence redevenue, comme jadis, chevaleresque et amoureuse ; Brunet, avec sa face de Christ de Galilée, rêvant son utopie de paradis terrestre ; le paysan Tavan qui, ployé sur sa houe, chantonnait au soleil comme le grillon sur la glèbe ; et Frédéri, tout prêt à jeter au mistral, comme les pâtres des montagnes, le cri de race pour héler, et tout prêt à planter le gonfalon sur le Ventoux ".

Ces sept jeunes gens fondent alors le Félibrige, assemblée de cette école avignonnaise décidée à créer quelque chose de neuf pour sauver la langue provençale. Le mot de Félibre, qui désigne ses membres, est provençal ; il a été choisi dans son sens de " scribe, savant " et sa belle sonorité, remplace ainsi ceux de Trouvères et de Troubadours, trop galvaudés aux yeux de nos héros.

Du Félibrige devait naître "L'Armana Provençau" qui paraît régulièrement toutes les années et, au milieu de la foison des œuvres des poètes, cette œuvre immense qu'est le "Trésor du Félibrige", le grand dictionnaire provençal-français de Mistral.

## L'œuvre de Mistral

*"Vole qu'en glòri fugue aussado*
*Coume uno rèino, e caressado*
*Pèr nosto lengo mespresado ..."*

(Je veux qu'en gloire elle soit élevée, comme une reine, et caressée. Par notre langue méprisée ...)

Ces vers, Mistral les a écrits à la louange de sa langue maternelle, cette langue provençale qu'il fit renaître. Nous sommes ici au pays des mas, dans les champs d'oliviers où court l'agasso (pie). Les gens de ce pays se lèvent encore lorsqu'on chante l'hymne national, la "Coupo Santo". Et tous sont fiers que Mistral ait réussi à raviver en Provence le sentiment de race, à ressusciter leur langue qui ne veut pas se laisser absorber par le français.

Mais laissons aux félibres d'aujourd'hui le soin de défendre les arguments de Mistral, qui non seulement a restauré sa langue, mais s'en est servi d'abondance.

Ses œuvres sont nombreuses et commencent par un poème de jeunesse, "Li Meissoun", les Moissons. Bientôt jaillissent les chefs-d'œuvre avec en tête "Mirèio", qui relate l'amour malheureux de Mireille et de Vincent.

"Calendau" suit ; Calendal le héros tranquille, demi-dieu qui traverse l'espace. "Lis Isclo d'Or", les Iles d'Or, rassemblent une centaine de poèmes sur le passé provençal, de même que les "Oulivado". Et puis il y a "Nerto", "La Rèino Jano, Lou Pouèmo dòu Rose, la Genèsi, Mi Rapugo", autant de chants, de poèmes d'amour pour la terre natale que l'on retrouve dans tous les écrits donnés aux Almanachs.

Prix Nobel en 1904, pressenti pour l'Académie Française, il refusa d'y adhérer, ç'eut été paradoxal, Mistral meurt en 1914, après avoir connu la gloire : que Poincaré, président de la République, se soit rendu chez lui dans son village de Maillane, en est le plus grand témoignage.

Parmi tous les félibres, les poètes, les écrivains qui l'entourèrent, un de ses grands amis fut Alphonse Daudet, le Nîmois, qui a laissé de si beaux écrits sur notre Provence.

Une maison ancienne dans la rue principale.

## MAUSSANE

La plus ancienne mention connue du nom de Maussane figure sur un acte d'archives de 1069 ; le lieu est alors dit Manuciana. Il se transformera au fil des siècles en Malimissana, Malmussana, pour devenir Maussane.

C'est un beau village qui garde le flanc sud des Alpilles dans ses traditions. Pendant des siècles se sont rencontrés ici les bergers et les gardians, les hommes à pied et les centaures. C'est que la position de Maussane est belle. D'un côté se trouve la Crau : " Acampestrido e secarouso, l'immenso Crau, la Crau peirouso ", s'exclame Mistral dans " Mireille " (tout entière inculte et sèche, l'immense Crau, la Crau pierreuse). De l'autre, les vallons et les coteaux dis Aupiho, les Alpilles. Le village groupe ses maisons autour d'une église du XVIII$^{e}$ siècle et de multiples chemins s'échappent dans toutes les directions. Du côté du Paradou, se trouve encore une manade de taureaux noirs. Les troupeaux de moutons ne transitent plus par les drailles des collines, mais sont transportés en camions jusqu'aux pâturages.

Maussane ne célèbre plus guère la Saint-Eloi de ses laboureurs, la Saint-Véran de ses bergers ou la Saint-Marc de ses tondeurs de brebis. Autrefois, les jeunes gens allaient jeter dans les maisons des habitants inhospitaliers, un " tès ", un fond de jarre contenant de la vieille huile rance pour les lampes. Naguère, les habitants de Maussane étaient surnommés " lis arrougant ", les insolents, car ces propriétaires de troupeaux avaient la fierté de leur vie semi-nomade malgré les bergeries qui tournent le dos au Mistral.

Une maison ancienne dans la rue principale.

C'est que tout a changé depuis une génération. La Crau est devenue fertile sur quelques milliers d'hectare grâce à l'irrigation faite depuis les rivières souterraines et les adductions d'eau. Tout autour de Maussane un vaste jardin se compose aujourd'hui de prairies, foin ou luzerne, de blé et même de cultures maraîchères.

Une autre innovation bouleverse peu à peu le paysage, le développement de l'habitat individuel sur les contreforts des Alpilles. Les résidences secondaires ou l'implantation de personnes à la retraite changent aussi les mœurs et les habitudes.

La famille de Manville, toute puissante au temps des rois, n'a laissé son nom qu'à un domaine qui est devenu un golf réputé dans un cadre merveilleux d'eaux jaillissantes et de rochers baussencs.

Maussane garde son calme et ses fêtes où les chevaux sont des princes admirés ; sa beauté tranquille lui suffit et le village fait partie de ces lieux où l'on a tellement envie de rester Provençal.

Un vieux puits.

## MOLLÉGÈS

Les paluds de Noves, acquis vers 950 par Guillaume comte d'Avignon, sont étendus vers les Alpilles par son fils Boson en 965. Celui-ci donne alors les terres de Mollégès aux moines de Montmajour, qui commencent à les défricher et édifient à la fin du XIe siècle l'église Saint-Pierre sur pilotis. Puis les évêques d'Avignon ayant pris la relève des moines, confient ces terres éloignées à des familles amies pour les administrer. C'est ainsi que les Eyga-

L'entrée de Mollégès.

lières en seront les seigneurs au XIIe siècle jusqu'à ce qu'étant passées dans le domaine du comte de Provence, Alphonse II les vend à Sacristane des Porcelet. Épouse de Bertrand Raimbaut de Simiane d'Apt, elle fonde avec lui l'abbaye de Valsainte, puis en 1208 celle de Sainte-Marie-de-Mollégès, qui est confiée aux religieuses de Saint-Pons-de-Gemenos.

Ne relevant que des abbés de Cîteaux, les " Dames de Mollégès " vont se trouver bien souvent en conflit avec les archevêques d'Arles qui voulaient que le monastère dépendit de leur autorité. En 1225, les religieuses fondent à leur tour un autre monastère aux Aliscamps d'Arles. Possesseurs du fief d'Eygalières qu'elles ont acheté, les Dames reçoivent enfin le fort d'Ancise qui commande le col de Vallongue, et y entretiennent des hommes d'armes, pour assurer le péage et veiller sur la sécurité de la route.

Au fil des siècles, l'abbaye eut à souffrir des troupes d'Arnaud de Servole, puis de celles des grandes compagnies. Le brigandage de Raymond de Turenne, installé aux Baux et à Roquemartine, déferle sur Mollégès qui est pillée et détruite. La plupart des religieuses sont tuées. Finalement les religieuses se joindront à celles de Sainte-Croix d'Apt au début du XVe siècle. Au XVIe siècle, l'abbaye est transformée et reçoit une façade Renaissance. Château seigneurial de la famille des Châteauneuf-Mollégès, les Dames de Mollégès y reviendront chaque année durant l'été.

Leur activité sur leur domaine aura permis d'assécher de nombreux terrains qu'elles exploitent comme pâturages, en plantations de lin et de chanvre et en pêcheries au bord des étangs.

La maison des Dames de Mollégès.

Croix fleurdelisée.

La chapelle Saint-Thomas.

## L'ABBAYE DE MONTMAJOUR

A quatre kilomètres d'Arles, mais faisant partie des Alpilles pour l'énorme influence qu'elle y exercera pendant près de dix siècles, s'élève l'abbaye de Montmajour. Au Moyen Age on accède à la colline entourée de marécages en bateau. C'est un vaste champ des morts, aussi important que le cimetière des Aliscamps d'Arles, desservi par des ermites. Forteresse au-dessus des rizières vers le sud, pèlerinage vers le nord où arrive aujourd'hui le touriste, l'île Saint-Pierre de Montmajour, dont le chapitre d'Arles était propriétaire, est achetée le 7 octobre 949 par une religieuse nommée Teucinde qui la donne à des religieux pour que naisse une abbaye. Dix ans plus tard le premier abbé Mauring et son prieur Pons, reçoivent des dons en abondance et des privilèges tant des papes que des empereurs, qui précisent que l'ab-

La colline de Cordes.

baye dépend directement de la papauté sans être soumise à aucune autre autorité ecclésiastique, alors que Arles possédait un archevêque. C'est là un fait commun avec les Dames de Mollégès qui entreprirent la même œuvre de défrichement des terres et d'assèchement des marais autour des Alpilles.

Bien que n'étant affiliés à aucun ordre religieux, les moines de Montmajour suivent la règle bénédictine, l'abbé étant choisi parmi les membres de la communauté. Mais bientôt le pape Clément IV désigne un abbé bénédictin. Montmajour devient alors une commende, une abbaye dont l'usufruit est donné par le pape. Les cardinaux de la curie en seront les principaux bénéficiaires. Montmajour était alors très appréciée car rapportant beaucoup d'argent à son bénéficiaire, à cause du pèlerinage annuel du 3 mai pour la fête de l'Invention de la Croix.

Après le pape, c'est le roi de France qui nomme les bénéficiaires. Parmi ceux-ci, la famille d'Ornano, dont nous retrouvons un des membres gouverneur de Tarascon, conservera ce domaine aux XVIe et XVIIe siècles. Joseph-Charles d'Ornano en 1626 y renonce et l'abbaye est alors donnée par Louis XIII à son aumônier, Gaston Jean-Baptiste Savary de Brèves, qui mettra en place la réforme de Saint-Maur. Il est certain que l'aumônier royal dut être scandalisé lors de sa prise de possession des lieux, puisque non seulement le roi nommait ses officiers « religieux laïques », mais ceux-ci venaient se promener en Arles « portant l'épée et en habit de couleur. Montmajour est un temple de Vénus, écrit un contemporain, les femmes perdues et les servantes ont liberté d'une douzaine de cellules... chaque religieux nourrit 2 ou 3 chiens ». Aussi en accord avec Jean Jaubert de Barrault archevêque d'Arles, le nouvel abbé résolut de réformer son monastère en lui appliquant la règle des moines réformés de Saint-Maur. En 1639, l'archevêque d'Arles Jaubert de Barrault sera obligé de venir à Montmajour en compagnie des consuls d'Arles et de 50 mousquetaires pour faire appliquer la nouvelle règle. Il n'y eut pas bataille, mais tout juste, pour remplacer les religieux en pourpoint par des religieux en bure. Cinq seulement consentirent à se réformer, les autres partirent en saccageant les lieux. Un nommé Guillaume de Piolenc doit à cela une petite célébrité.

Mais le monastère était vieux et en 1703 la bibliothèque, la cuisine et le cellier s'effondrent, tuant trois moines. Un nouveau monastère est alors construit sur les plans de Pierre Mignard, Avignonnais, neveu du fameux peintre ; en dix ans les bâtiments sont achevés et un grand arceau sert de passage entre les vieux bâtiments et les constructions nouvelles, par-dessus la basse-cour où se trouvaient naguère les salles qui ont croulé sous le poids des ans.

Rouault Gamaches est abbé en 1726 lorsque le 18 août un incendie démolit une partie des constructions à peine terminées. C'est Jean-Baptiste Franque, architecte d'Avignon qui remontera l'ouvrage. Des témoins d'alors racontent que " des terrasses spacieuses règnent sur les deux faces principales, hiver et été. Les logements ne sont plus comme autrefois de pauvres cellules, mais de beaux appartements très bien meublés et fournis de toutes les commodités possibles. Des balcons de fer ornent les fenêtres et des cheminées de marbre les chambres des religieux. Les dortoirs ne respirent plus l'air monacal ". Dire que Montmajour était devenue une abbaye de luxe serait sans doute ne pas penser à d'humbles moines dont les abbés s'appelèrent Beaufort de Canillac ou le cardinal de Rohan. Celui-ci est à l'origine de l'histoire du Collier de la Reine, qu'il aurait offert à Marie-Antoinette dont il aurait été amoureux.

Toujours est-il que la légende rejoint la réalité puisque Louis XVI en 1786 fit démissionner le cardinal et supprima l'abbaye. Désormais celle-ci malgré la présence de quelques ermites, put être livrée comme bien national à la Révolution. Vendue, l'abbaye est démantelée par les pillages. Il faudra les interventions de Pierre Révoil, qui emmena les chapiteaux du cloître dans son domaine de Servane, et du peintre Réattu, qui acheta la tour de l'Abbé, pour sauver Montmajour.

Montmajour vue de la route d'Arles.

*LE PARDON DU 3 MAI. Très vite Montmajour prit une importance énorme en Provence, de nombreux prieurés lui appartiennent, deux églises à Arles, Saint-Didier d'Avignon, à Saint-Rémy, à Vénasque, des villes comme Graveson, Pertuis, Miramas, Martigues.*
*L'abbé Rambert institue le pèlerinage du " Pardon de Montmajour " en 1030, à l'occasion de la consécration de la crypte de l'église dédiée à la Sainte-Croix. L'archevêque d'Arles, Pons de Marignane, pour cette grande fête accorde aux assistants une absolution générale qui est reportée les années suivantes le 3 mai, jour de l'invention de la Sainte-Croix. Le pèlerinage attira aussitôt les foules. Au XIV^e siècle le passage en bateau coûtait 4 deniers. Une année une crue subite du fleuve emporta les barques et de nombreux pèlerins se noyèrent. En 1409, raconte l'Arlésien Bertrand Boysset, il y eut plus de 150.000 personnes, chiffre rarement atteint à l'époque.*
*Pour le pèlerinage des médailles étaient frappées. En plomb, elles représentaient saint Pierre. Inutile de dire que la fête du 3 mai rapportait énormément d'argent à l'abbaye.*

*LES RELIQUES DE SAINT ANTOINE. Pour donner à leur monastère ses lettres de noblesse, les moines n'hésitèrent pas à prétendre qu'il avait été fondé par saint Trophime archevêque d'Arles, par Childebert le Mérovingien qui créa tant de monastères et bien sûr par Charlemagne, qui anéantit les Sarrasins disait-on au Moyen Age. Mais pour preuve, les moines eurent les reliques de saint Antoine. Ils prétendirent que leur prieuré de la Motte-en-Viennois conservait les reliques du saint illustre. Aussitôt les religieux de Saint-Antoine se dépêchent-ils de créer un hôpital à côté du prieuré puisque ces reliques guérissent du " feu de Saint-Antoine ". Malheureusement pour Montmajour, les Antonites annexeront le prieuré. Transportées secrètement, les reliques furent alors exposées à Arles dans l'église Saint-Julien qui perdit son nom au profit de Saint-Antoine. Mais il est bien d'autres endroits où sont exposées les reliques de saint Antoine.*

*LE MAL DES ARDENTS. Cette terrible maladie du Moyen Age était causée par l'ergot de seigle. Saint Antoine était le protecteur contre ce feu dévorant ; c'est pourquoi les moines de Montmajour eurent-ils à se battre contre les Antonites pour avoir leur part d'un saint aussi miraculeux. " Beaucoup pourrissaient sous l'effet du feu sacré qui consumait l'intérieur de leur corps, décrit Sigebert de Gembloux, leurs membres brûlés noircissant comme du charbon, ou bien mouraient misérablement, ou bien amputés de leurs mains et de leurs pieds tombés en putréfaction, étaient épargnés pour vivre encore plus misérablement.*

*LE TRÉSOR DE MONTMAJOUR. La salle du trésor de Montmajour abritait en particulier les archives du monastère. Mais dès le XVII^e siècle, l'eau de pluie pénétrant dans la salle fit moisir une grande partie des manuscrits. La plupart des pièces sauvées par Révoil à la Révolution ont été transportées à Paris puisqu'il les donna en 1828 à Charles X. On peut voir exposés au Louvre la crosse de l'abbé Bertrand de Maussang et un ciboire. Ce sont des œuvres en cuivre émaillé et doré du XIII^e siècle. La grande croix du trésor, enrichie de pierres précieuses, fut enterrée dans la cour de l'hospice d'Arles, mais découverte elle fut vendue au siècle dernier.*

Le blason des Maussang.

## Les moines dessécheurs des paluds

Dès la fondation de l'abbaye, les moines de Montmajour essaiment dans la région. Alors qu'ils restent entre quarante et soixante au monastère, d'autres travaillent dans les prieurés alentours. C'est qu'au Moyen Age les Alpilles sont complètement entourées d'eau. Des marais couverts de roseaux s'étendent tout autour d'Arles, entre Tarascon et Saint-Gabriel ; ils remontent dans le Tavez et la Laurade, lieux-dits entre les Alpilles et la Montagnette, puis suivent la face nord de la montagne jusqu'à Saint-Rémy et Mollégès avant de remonter au nord jusqu'à Noves. Alimentés par les inondations fréquentes du Rhône et de la Durance, les paluds sont pratiquement livrés aux habitants qui y chassent, pêchent, ramassent les roseaux et y attrapent les fièvres des marais.

Cette immense surface occupée par l'eau a toujours posé un problème de récupération. Avant que l'énorme travail du Hollandais Van Ens ne vienne conclure d'énormes travaux, les moines de Montmajour ont entrepris la tâche impossible. On les retrouve un peu partout installés dans des prieurés en bordure des paluds, et lentement ils en assècheront une grande partie. En même temps ils prévoient leur station climatique et fondent le prieuré Saint-Michel dans la Montagnette pour se reposer dans l'air propice des garrigues aux herbes odoriférantes. Le prieuré deviendra à son tour monastère et de nos jours, Saint-Michel-de-Frigolet abrite les pères Prémontrés.

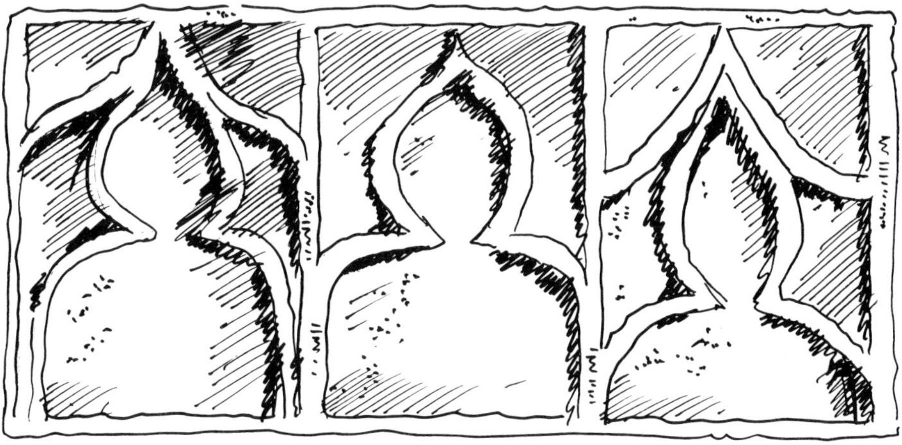

Arcature de tombeau.

## Visite de l'abbaye

Alors que dans le monastère primitif on pénétrait par la façade sud, on commence aujourd'hui la visite par le côté nord, en montant des degrés où aurait dû être construit un grand escalier. C'est par une rampe aux marches raides que l'on accède à l'église Notre-Dame, construite sur l'emplacement d'une première construction commencée en 1016 par l'abbé Archinric. Dans cette première église furent enterrés les comtes de Provence Guillaume IV et Geoffroy 1er dont les dépouilles et les monuments furent plus tard transportés dans le cloître.

On accède directement à la crypte. Une pente à peine nivelée, creusée dans le roc conduit à un transept à deux absidioles ; l'abside proprement dite reçoit un autel. Un déambulatoire fait le tour de l'abside, il occupe l'intérieur de ce mur à neuf pans qui dessine extérieurement l'église basse. L'épaisseur des murs donne bien l'impression de forteresse qu'il devait remplir tout en servant à racheter la déclivité du terrain. La chapelle centrale est voûtée en coupole et toutes les pierres portent des marques de tailleurs de pierre.

La nouvelle église construite vers 1150 s'ouvre par une porte ornée de colonnettes romanes. Le projet des moines était d'étendre la nef à trois travées supplémentaires alors qu'elle n'en comporte que deux. Les difficultés du XIIe siècle les empêchèrent de terminer ces travaux. L'abside est précédée d'un transept dont les bras ont une longueur inégale, puisque celui du nord reçut au début du XIVe siècle la chapelle Notre-Dame la Blanche élevée par l'abbé Bertrand de Maussane pour y être enterré. Sa tombe ainsi que celle d'un de ses parents est encore en place, surmontée du blason familial.

C'est une sculpture disparue représentant la vierge, fixée sur le mur est, qui a donné son nom à la chapelle.

Les salles attenantes à cette chapelle sont du XVe siècle et servaient l'une de sacristie, l'autre de salle du trésor.

L'extrême simplicité de la nef ne montre un peu de richesse que sur les colonnes qui reçoivent les croisées du transept ; on y remarque des chapiteaux gothiques.

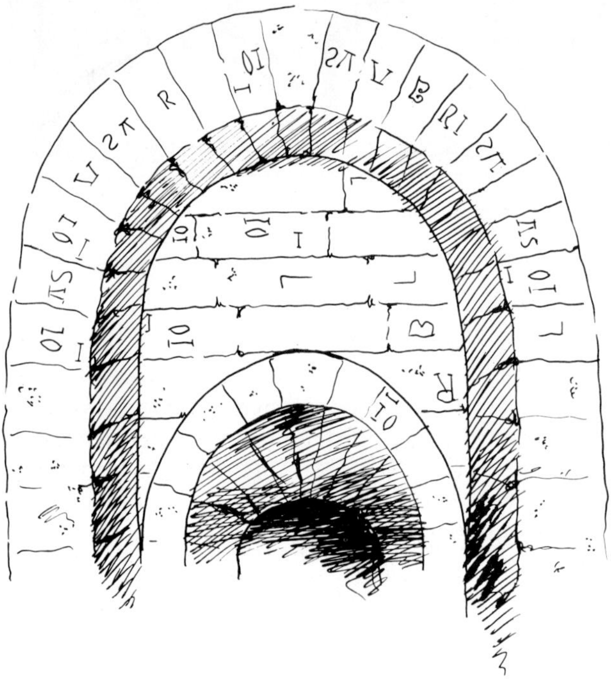

Les marques de tâcherons de la crypte.

## Le cloître

On pénètre dans le cloître entre deux tombeaux, à droite celui de l'abbé Hugolen de Saint-Rémy, mort en 1430 abrité par un arc flamboyant ; à gauche celui des comtes de Provence transféré de la première église dans le cloître ainsi que celui de Raimond Béranger IV mort en 1181. C'est lui qui donna à l'abbaye le droit du premier esturgeon pêché dans le Rhône. Plusieurs tombes d'abbés longent le mur du cloître vers le sud jusqu'à la porte capitulaire. On remarque un arc de pierre qui traverse le cloître pour précipiter les eaux des toitures dans un puits. La galerie sud paraît être postérieure aux trois

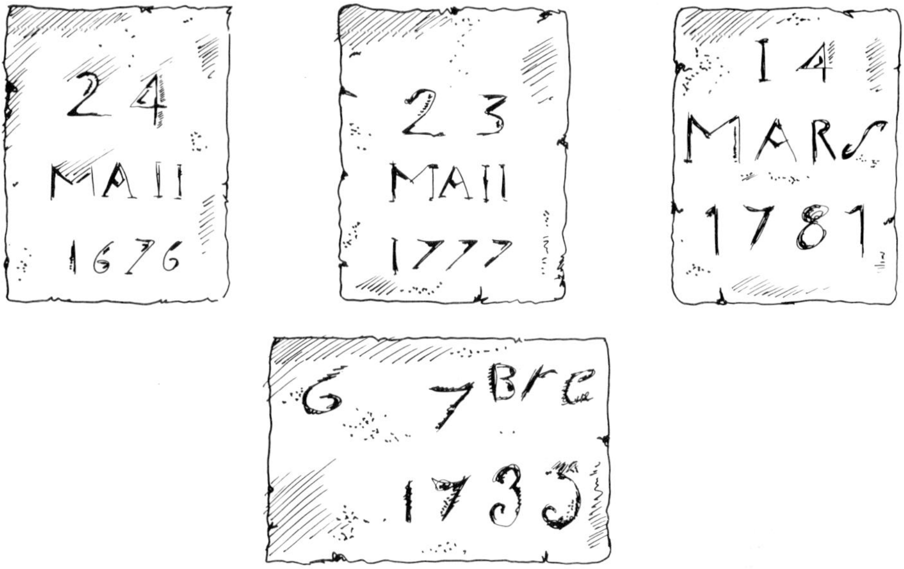


Les pierres tombales du cloître.

autres. Le cardinal de Foix, abbé entre 1450 à 1462, l'aurait faite restaurer. On remarquera les scènes des chapiteaux : le Couronnement de la Vierge, puis Marie-Madeleine embrassant les pieds du Christ, suivent l'Annonciation et la Pentecôte, enfin saint Pierre bénissant la foule et, de l'autre côté, l'enterrement d'un moine terminent cette série.

La galerie occidentale est surtout remarquée à cause des consoles grotesques qui en ornent les murs, on verra plus particulièrement celle très bien conservée représentant une tarasque avalant un homme.

Une porte ouvrant dans cette galerie donne sous le grand arceau qui reliait l'ancien monastère à celui du XVIIIe siècle. Au centre de la basse-cour sur laquelle se dressaient autrefois, cuisine, cellier, bibliothèque, hôtellerie et dortoirs, ne subsiste qu'un escalier qui ne mène nulle part.

## La tour de l'abbé

En contournant le cloître par le sud sur le rocher on parvient à la tour de l'Abbé. Du logis de l'abbé il ne reste pas grand chose ; pourtant une vaste enceinte entourait les bâtiments et la tour.

La cour du cloître.

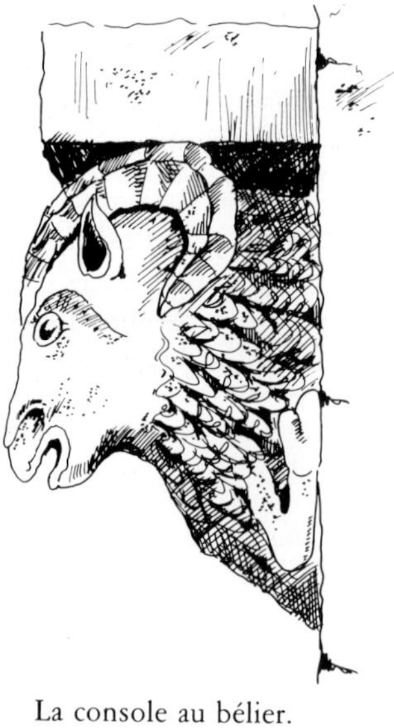

La console au bélier.

La tarasque du cloître.

La Tour de Pons de l'Orme et le chevet de l'abbaye.

Ses vingt-six mètres de haut, sa forme carrée, sa construction à bossages confèrent à la tour l'aspect d'un donjon moyenâgeux. Il est vrai qu'elle fut construite pour protéger l'abbaye contre les incursions des grandes compagnies, par Pons de l'Orme, abbé en 1369. La foudre en 1665 démolit l'encorbellement du sud et fit une lézarde sur toute la hauteur du mur. Au-dessus de la porte d'entrée sont placées les armoiries de Pons de l'Orme et au-dessus saint Pierre tenant une clef.

Au pied de la tour les tombes ouvertes, creusées dans le roc, du cimetière des moines s'étendent jusqu'à l'abside de l'église.

## La chapelle Saint-Pierre

Il faut demander au concierge pour se faire accompagner à la chapelle Saint-Pierre. Située en contrebas au sud-est du monastère, on y accède par une porte percée dans le mur d'enceinte auprès de laquelle un bas-relief représente l'apôtre Pierre. Un escalier conduit à la chapelle. C'est la première église qui ait été construite sur le site. Édifiée au milieu du XIe siècle (cf. les travaux de M. Février), la chapelle conserve toute la décoration à entrelacs de la tradition carolingienne. On y verra sur la face extérieure un décor à damier et à l'intérieur des chapitaux décorés de volutes et de rosaces, de feuilles d'acanthes et de fougères, dans la plus extérieure des deux nefs. Tout au fond derrière l'abside, un couloir orné d'un pilastre sculpté donne accès à l'ancien ermitage, la grotte où saint Trophime se réfugia, dit la légende, pour échapper aux persécutions. Malheureusement, des vandales ont brisé les volutes de ces rarissimes chapiteaux.

Décor grotesque du cloître.

Le bénitier de la sacristie.

La chapelle Sainte-Croix.

## La chapelle Sainte-Croix

Reliée autrefois au monastère par un chemin creusé en partie dans le roc, la chapelle Sainte-Croix à deux cents mètres de Montmajour montre sa curieuse architecture du début du XIII$^{e}$ siècle. Le monument a la forme d'un trèfle à quatre feuilles, précédé d'un porche au fronton triangulaire. Le plus frappant dans l'aspect extérieur de la chapelle est sans doute la disproportion existant entre sa longueur et sa hauteur. Les absidioles intérieures voûtées en cul-de-four supportent une voûte sur plan carré à la stéréotomie remarquable, le tout est surmonté d'un clocheton auquel, suivant le projet de Viollet-le-Duc, on a ajouté une croix, qui n'est peut-être pas du meilleur effet.

La chapelle Sainte-Croix était destinée aux cérémonies funéraires qui se déroulaient dans ce vaste cimetière qui couvrait la colline de Montmajour. Tout autour se trouvent des tombes creusées dans le roc.

## L'hypogée de Montmajour

En prenant la route de Fontvieille, cinq cents mètres environ après l'abbaye, un hypogée a été récemment nettoyé et fouillé. Il se situe en contrebas de la route, du côté nord, en bordure d'un champ. Long d'une dizaine de mètres, il est taillé dans le roc. En forme de pirogue, on y descend par des marches usées, taillées dans le roc. Plusieurs grandes dalles recouvrent sur sa plus grande partie la chambre funéraire.

Les armes du cardinal Pierre de Foix.

## MOURIÈS

L'oppidum celto-ligure du plateau des Caisses de Jeanjean raconte la vie des premiers habitants de Mouriès (voir le premier chapitre de cet ouvrage). Avec l'invasion romaine, une bourgade naquit, Tericia, relais sur la route sud des Alpilles.

La fontaine et son masque antique.

Au Moyen Age, Tericia disparaît, et les lieux font partie du domaine des Baux dont ils suivent l'histoire. Il faudra attendre les dessèchements des marais pour que la vie de groupe recommence dans la plaine. Enfin la Révolution apportera à Mouriès le statut de commune indépendante. On y trouvera quelques chefs révolutionnaires, dont Manson Saint-Roman et Leblanc de Servane. Le premier sera exécuté par les hommes de main du second qui malgré de nombreux meurtres sera nommé maire, chef de la garde nationale et député à la Convention.

Puis le XIX$^{e}$ siècle suit son cours, " les habitants de Mouriès sont des cultivateurs appliqués à leurs travaux. Ils se distinguent par leur bon esprit et ils reconnaissent que le bien-être est le fruit du travail. Ils se montrent laborieux et dévoués ". C'est du moins ce qu'en dit la Statistique de Villeneuve parue en 1824.

Aujourd'hui Mouriès s'anime du flot des touristes qui ont acquis de nombreuses demeures dans les environs. La proximité de Fos attire jusqu'au pied des collines de nombreuses personnes. La culture de l'olivier est encore l'apanage de Mouriès qui, bien que n'ayant pas la réputation des variétés de fruits de Nyons, est la commune premier producteur de France.

*AU CHÂTEAU DE JOYEUSE GARDE. Quiqueran de Beaujeu écrit au XVIe siècle sa " Provence Louée ", ouvrage où il décrit les charmes de la vie campagnarde. A propos des champignons dont se nourrissaient les Provençaux à l'automne, il conseille de les faire bouillir à l'huile avec un rejeton de poirier pour leur faire perdre leur malignité. Il faut aussi déguster les bolets après les avoir creusés et remplis d'huile et de sel.*

Masque de fontaine.

Fontaine de Mouriès.

Le château de Servanes.

## Promenade à Mouriès.

Mouriès serait un village qui n'aurait pas grand caractère, sans l'ombre de ses platanes, son parfum provençal, et s'il n'était entouré de quelques-uns des plus beaux "mas" de la région. Le plus connu est certainement le Mas de Brau, indiqué à gauche de la route lorsqu'on se dirige vers Maussane, à quelques centaines de mètres du village. Sa façade Renaissance due sans doute à Jeanne de Quiqueran, épouse du gouverneur des Baux, montre de belles colonnes de style corinthien couronnées par une frise à rinceaux.

La gentilhommière a été habitée par les seigneurs de la Tour, le gouverneur de Provence Claude de Tende, le capitaine Grille, Honoré des Martins sénéchal de Nîmes et de Beaucaire, enfin Van Ens, ce Hollandais qui fit assécher la plus grande partie des marais environnants.

Autre demeure prestigieuse, le château de Servanes, aujourd'hui transformé en hôtel. Un bassin où barbotent des canards accueille aujourd'hui le promeneur du parc. La maison proprement dite est bien meublée, mais ne présente pas de pièces remarquables. La cour est bordée par une fontaine ornée d'un masque d'Héraclès et de deux lions qui proviennent des fouilles

Le colombier
de Servanes.

de la Tericia romaine. En face, entre des colonnes, un sarcophage contient des fleurs. Servanes a vu naître plusieurs générations de la famille Révoil. L'un d'entre eux conserva ici les chapiteaux de Montmajour et les préserva de la Révolution, avant de les rendre lors de la réfection du cloître. Un autre donna à Napoléon III la plus grande partie des collections d'antiquités amassées ; elles sont exposées au musée de Saint-Germain. Servanes est devenue le centre d'un superbe golf international.

Mais il y a bien d'autres maisons célèbres dans le voisinage, qu'il est passionnant de découvrir. Donné à Jeanne de Laval par le roi René, le château de Joyeuse Garde possède un nom qui chante. Mais de la bâtisse louée par Quiqueran de Beaujeu il ne subsiste pas grand chose. Par contre d'autres domaines sont debout entre les olivettes : mas de la Reine, de Viguièri, Malacercis, de Beauregard de Bois vert.

Une âme monte au Paradis (Mouriès).

## NOVES

Habité déjà au Néolithique, c'est à Noves qu'on a retrouvé la statue dite la " Tarasque de Noves " exposée au musée lapidaire d'Avignon (voir le premier chapitre de cet ouvrage). L'oppidum rocheux qui abrita un temple Salyen continua à servir jusqu'au Moyen Age qui édifie un château fort sur son emplacement. Le " castrum novis " devait donner son nom à la bourgade.

Le château domine les marais de la Durance. Le comte Boson le donna à l'évêque d'Avignon dont les successeurs le conserveront jusqu'à la Révolution.

Zoen Tencarari, évêque d'Avignon au XIIIe siècle, est chassé de sa ville par une émeute. Il se réfugie à Noves qu'il agrandit. Le pape Jean XXII fait de même lorsqu'il accède à la papauté, puis y fait enfermer l'évêque de Cahors, Hugues Giraud, qui avait voulu l'envoûter. Le malheureux devait ensuite être écorché vif et brûlé sur la place publique en Avignon. Deux autres pontifes résidèrent à Noves, Urbain V lors de son exode vers Rome, puis Grégoire XI tandis que la peste ravageait le Comtat Venaissin.

C'est alors qu'une deuxième enceinte vint agrandir les premiers remparts. Quatre portes la percent, constituant quatre quartiers. En 1562, les protestants du baron de Croze s'emparèrent du château.

La grande enjambée.

Vestiges des remparts.

Toits de Noves.

Puis pendant les guerres de religion, La Valette après avoir pris Châteaurenard, installa au château de Noves une compagnie aux ordres d'un capitaine. Le capitaine fut assassiné par un de ses sergents qui se mit à dévaster la contrée.

Henri IV fit remettre ensuite le château à son propriétaire, l'évêque d'Avignon, mais les états de Provence pour être sûrs que la paix régnât désormais dans le secteur, le firent démolir en 1612, contre une compensation de 2.550 livres.

## L'église

De la construction du XIe siècle, il ne reste qu'un appareillage grossier qui apparaît sur le mur sud de l'église romane de Noves. L'édifice est en fait du XIIe siècle. Les quatre travées de la nef se terminent par une abside en cul de four nervée.

La Tour de l'Horloge et l'Église.

N.-D. de Vaquières.

La travée qui précède l'abside remplit le rôle de transept. Elle se caractérise par une coupole octogonale montée sur plan carré par l'intermédiaire de trompes.

Les chapelles sont toutes des ajouts des XVe au XVIIIe siècles. Certaines ont leurs murs recouverts de boiseries.

Si la porte n'offre rien d'exceptionnel, on remarquera par contre les modillons de la corniche qui arrêtent les bards, les dalles de pierre typiques des églises romanes provençales. Une arête faîtière est encore figée au sommet du toit.

## ORGON

En bordure de la Durance, au pied d'un oppidum à la longue histoire, se niche le village d'Orgon.

La maison sur la Roubine.
(Noves)

Les Celto-ligures, les Romains y ont laissé des traces nombreuses, recouvrant celles des hommes du Néolithique. La falaise de Beauregard, où se trouve une église qui est un lieu de pèlerinage, surplombe les ruines de l'ancien château fort.

Au XIIIe siècle, les troubadours parlent des seigneurs du Languedoc, prisonniers de guerre, qui y sont enfermés. Tout comme celui de Saint-Gabriel, il est remis en garantie d'un traité de paix au comte de Forcalquier par le comte de Provence, Alphonse II. Raimond Béranger V renouvellera ce gage en 1228, mais les comtes de Provence conserveront les redevances du péage installé sur la Durance.

Gabriel Salvagii, seigneur génois, reçoit la forteresse d'Orgon de Charles le Boîteux en 1303, puis Robert le Sage la fait passer entre les mains de la famille d'Agoult.

Sur ce passage entre Cavaillon et les Alpilles, les ordres religieux s'établissent ; templiers et hospitaliers de Jérusalem y construisent leurs maisons.

Le roi René fait enfin don de la seigneurie à Ferry de Lorraine, comte de

Vaudémont et de Guise, dont les descendants devaient en rester propriétaires jusqu'à la Révolution, puisqu'en 1789 elle appartenait à Charles Eugène, prince de Lambesc, colonel du régiment de cavalerie Royal-Allemand.

Pourtant les murailles connaissent les avatars de différentes époques. Jetées à bas sur l'ordre de Louis XI en 1483, Richelieu les fait disparaître en même temps que nombre d'autres châteaux féodaux.

Très tôt, une chapelle honore Notre-Dame-de-Beauregard, là-haut sur la falaise. Le baron des Adrets la dévaste en 1562 et fait jeter la statue de la Madone dans la Durance. Elle y est retrouvée intacte et replacée dans son sanctuaire en grande pompe. En 1591 de nouveaux remparts entourent la ville qui s'est agrandie hors de l'enceinte du XIVe. Il n'en reste que les portes de l'Hortet et du pont de la Durance.

En 1638, les Augustins s'établissent à Beauregard et y construisent un couvent. Ils en seront chassés à la Révolution. Les bâtiments démolis seront réédifiés au début du siècle dernier.

Napoléon Bonaparte sur le chemin de l'île d'Elbe passa par Orgon. Il fut insulté par les gens du village qui l'accompagnèrent vers la route d'Aix en réclamant sa tête.

## Promenade à Orgon

Hormis les deux portes subsistantes des remparts du XVIe siècle et une façade de la Renaissance, Orgon se laisse oublier au long de ses rues calmes. Elles conduisent pourtant à l'église paroissiale dont la voûte unique abrite un beau tableau d'époque gothique.

Sur la falaise, Notre-Dame-de-Beauregard règne sur un paysage immense, sur des kilomètres de Durance et des myriades de croupes montagneuses qui grimpent vers les Hautes-Alpes. L'Église ne date que du siècle dernier. Elle a été construite avec les dons des fidèles et ses murs reçoivent encore des ex-voto dont quelques-uns aux dessins naïfs et pittoresques sont les témoins d'un art populaire disparu.

Et puis en se promenant sur les pentes, peut-être aurez-vous la chance de ramasser une pièce gauloise ou romaine ou comme ce fut le cas, une tête de guerrier indigène.

## PUYREDON

Blotti dans une étroite vallée au cœur même des Alpilles, le prieuré de Puyredon fondé par les moines des Abbayes alpines s'est agrandi au cours des siècles pour devenir une belle propriété. Pour l'atteindre il faut emprunter la route qui conduit du Destet à Maussane et peu après le hameau du Destet prendre le chemin autrefois goudronné qui conduit vers les replis secrets de la montagne.

Le domaine de Puyredon est maintenant privé mais, lorsqu'on sait être discret en Provence, on laisse aisément visiter les abords. Haut dans la chaîne des Alpilles, à une bonne demi-lieue de la route, une gentilhommière a englobé dans ses bâtiments le prieuré primitif.

Mais le château des marquis de Carmejanes n'a pas fait disparaître la chapelle romane et son clocheton carré terminé en pyramide, construite par les Bénédictins des Alpes pour surveiller leurs troupeaux de moutons et conserver des pâturages abondants pendant l'hiver. C'est que la transhumance, cette migration des troupeaux de Provence vers les pâturages alpins l'été, se pratiquait également en sens inverse. Pendant la transhumance, les troupeaux empruntaient les " drailles ", larges sentiers qui permettaient le passage des bêtes en leur assurant leur nourriture. De Provence aux alpages, un mois de voyage était nécessaire pour parvenir au but. Évitant les péages du Comtat Venaissin, les troupeaux passaient soit par le péage de Mirabeau sur la Durance, soit par Beaucaire avant de se rendre dans le Massif Central ou de rejoindre la rive gauche du Rhône pour atteindre les Alpes. Notons qu'en Italie les drailles atteignaient 110 mètres de large et 80 en Espagne. Mais aujourd'hui la transhumance est devenue inexistante ; le transport des moutons se fait par route et par voie ferrée.

Puyredon reste environnée de ses parfums, du charme de sa cour ombragée de platanes, de sa chapelle romane qui émerge du vaste mas et de ses sangliers qui grommellent et nasillent dans leur enclos.

## ROMANIN

Des Seigneurs de Romanin on ne connaît que des noms ; Teudebertus cité en 1035, Pontius en 1080, Stéphane en 1127. Du château fort bâti à flanc d'Alpille sur la rocaille, il ne reste que des pans de ruines fondus dans la grisaille de la façade nord de la montagne. Pourtant la tradition veut qu'il y ait eu ici une cour d'amour. Mais la tradition, lorsqu'elle a pour source un Jean de Nostredame, frère cadet de Michel le devin si connu, est fort aléatoire et on est en droit de se méfier des belles légendes.

La cour d'amour de Romanin, d'après lui, aurait fleuri au XIVe siècle, sous la férule courtoise de Phanette des Gantelmes. Certes au XIIIe siècle la famille des Gantelmi, possesseur de Lagoy, est propriétaire de Romanin, mais Jacques Gantelmi, grand panetier du comte de Provence, n'est pas souvent sur ses terres ; de plus son fils Bertrand devient sénéchal de Provence. Pourtant lorsqu'en 1355 ses héritiers donnent procuration de gestion du domaine à Hogolini, c'est le moment où d'après Jean de Nostredame la cour d'amour est à son apogée.

Belle fiction, donc, qui faisait parler ensemble " chevaliers et dames poètes de quelque subtile question d'amour ". Il reste de tout cela une histoire, celle du troubadour Jean de Châteauneuf, qui s'en allait un jour vers Romanin. Alors qu'il passe au col de la Vallongue, une troupe de brigands l'arrache de son cheval, le dépouille de ses biens et s'apprête à l'occire. Avant de mourir, le poète demande une dernière grâce, il prend son luth et chante des couplets à la louange des bandits. Ceux-ci émerveillés, ravis, écoutent, s'enthousiasment et redonnent ses affaires au troubadour pour qu'il puisse se rendre à la cour d'amour.

Il ne reste au pied de Romanin qu'une chapelle romane, le prieuré Saint-Pierre qui longtemps fut desservi par les pères de Saint-Paul-de-Mausole.

Aujourd'hui un terrain de vol à voile attire les sportifs qui, là-haut, deviennent aussi poètes en jouant avec les vents d'amour des Alpilles.

## ROQUEMARTINE

Sur une colline les ruines du Castellas, l'ancien château, dominent les champs de lavande et les vignes.

Péage important sur la grand route des Alpilles, Roquemartine fut un château franc et libre donné par privilège en 1237 à la famille d'Albe.

Le 24 juillet 1384, un drame se produisit dans le Castellas. Une bande de Tuchins, paysans armés en guerre, dirigés entre autres par Jaume d'Eyguières, arrive à Roquemartine. Le château n'est pas défendu, ses quelques habitants vaquent à leurs occupations. Les Tuchins cherchent à se ravitailler, ils envahissent la demeure, surprennent le seigneur qu'ils assassinent, puis son cuisinier qui subit le même sort.

En 1672, Roquemartine est élevé en marquisat ; le Castellas est alors abandonné et la nouvelle demeure seigneuriale est construite dans la plaine. Le domaine passera ensuite aux Benault de Lubières, puis en 1876, une succession le donnera aux Bonnecorse de Lubières.

# SAINT-ANDIOL

Andiol et Isidore ont été, dit la légende, les disciples de Trophime lors de l'évangélisation de la Provence. Puis Andiol se rend dans le Dauphiné et la Franche-Comté pour y diffuser l'Évangile.

Il se trouvait à Bourg-Saint-Andéol, ville qui a elle aussi conservé son nom, lorsqu'il fut martyrisé en 208 et jeté dans le fleuve. Une chrétienne, Tullia, aurait alors recueilli la dépouille du saint homme pour l'ensevelir dans le sarcophage d'un enfant païen, qui se trouve encore sous le maître-autel de l'église ardéchoise.

Andiol et Isidore auraient fondé au début du III^e^ siècle deux ermitages dans la région d'Orgon, qui seront transformés en prieurés par les moines de Montmajour.

Le village lui-même n'apparaît qu'au X^e^ siècle, avec les premiers travaux d'assèchement des marais dans cette région, par les moines de Saint-Victor de Marseille. En 1656, il sera érigé en marquisat en faveur de la famille de Varadier.

L'intérêt touristique de Saint-Andiol, hormis ses délicieux jus de fruits, réside dans la visite de son église fortifiée, seul exemple de ce type dans toute la Provence avec celle des Saintes-Maries-de-la-Mer.

L'église fortifiée.

L'extérieur de l'église montre un crénelage porté par des arcs extérieurs. Ces fortifications datent du XIVe siècle et forment sur le toit fait de bards, ces dalles de pierres provençales, " une véritable salle d'armes à ciel ouvert ", dit Hubert Sigros, d'où on pouvait se défendre des grandes compagnies. Et il est vrai que les créneaux vus de l'intérieur, les machicoulis dont la construction en six pans entoure le chevet de l'église, closent curieusement de leur chemin de ronde l'édifice roman. Car, malgré les ajouts de 1576 pour la sacristie, son prolongement le long du mur sud au XVIIIe siècle et les constructions parasites du XIXe, l'église de Saint-Andiol est romane, de la fin du XIIe siècle. Les trois travées de la nef unique, l'abside voûtée en cul de four sont de type fort courant. Le bas-côté nord a été ajouté au siècle dernier.

Un tabernacle du XVe siècle, décore le côté nord du chœur. Ce " ciborium " gothique, surmonté d'une flèche de pierre, découpe ses fenêtres aux fins entrelacs du style flamboyant.

De la même époque sans doute est le tableau de la chapelle sud représentant un évêque barbu, saint Agricol, dont le panneau peint est entouré de moulures gothiques. Le mobilier proprement dit est du XVIIIe. Il s'agit des boiseries ornées de pilastres qui entourent le chœur, de l'autel en bois doré et de la chaire qui provient de la chapelle Sainte-Catherine d'Avignon, où elle fut enlevée à la Révolution.

Et pour mieux perpétuer sa dévotion à Andiol, le village porte dans ses armes le buste du saint.

## SAINT-ÉTIENNE-DU-GRÈS

A l'extrémité occidentale des Alpilles, un village-rue s'agglutine le long de la route nationale qui relie Tarascon à Saint-Rémy. Saint-Etienne-du-Grès n'a rien de remarquable si ce n'est une bonne ambiance de maisons cossues et de pins d'Alep particulièrement abondants ici sur les pentes. On peut d'ailleurs en suivant les sentiers traverser toute la chaîne montagneuse et ressurgir au pied des Baux. Les anciennes " drailles " à moutons, les coupe-feu tracés au bulldozer sillonnent le massif, faisant découvrir des versants inconnus et des mas oubliés.

A Saint-Etienne, le pèlerinage de Notre-Dame-du-Château a encore lieu tous les ans dans le village. Tout près se situe une curiosité mystérieuse. A deux kilomètres du village, le hameau de la Laurade a oublié que naguère il appartint aux Templiers. Son ancienne chapelle fortifiée est transformée en grange. Mais, en suivant la petite route qui court à travers champs sur la

La passe de Salut Martin.

gauche, vers Saint-Gabriel, on trouvera la " Mourgue ", c'est le nom provençal des religieuses. La statue monumentale est isolée dans un champ entre la petite route et la route nationale qui conduit directement en Arles. Les trois-quarts de sa hauteur sont enfouis dans la terre grasse. La " Mourgue ", n'a de religieuse que le nom, puisqu'il s'agit d'une ancienne statue priapique, divinité de la fécondation. On discerne encore le drapé du vêtement sous les deux bras qui le soulèvent. Le reste est sous terre. Ce bloc isolé surprend dans ce champ gardé de cyprès. De quel endroit vient-il, à quel lieu de culte gaulois était-il affecté, il est difficile de répondre. Il semble toutefois que son installation remonte entre le IIᵉ et le Iᵉʳ siècle avant notre ère.

Mistral, puis Marie Mauron ont chantés la Mourgue ; elle attend désormais de rares visites.

*LE PÈLERINAGE DE NOTRE-DAME-DU-CHÂTEAU avait lieu tous les ans le jour des Rogations. La foule se rend à Saint-Etienne-du-Grès où se trouve la statue de la Vierge et la transporte à la chapelle de Notre-Dame-du-Château. Puis au soir, elle est portée à l'église Sainte-Marthe de Tarascon, où elle reste pendant quarante jours, avant de retourner à Saint-Etienne-du-Grès. La tradition veut qu'au XIVᵉ siècle les Briançonnais soient venus implorer sainte Marthe à Tarascon pour les délivrer de la peste. Mais lors de l'extension des Vaudois, le gardien de la Vierge miraculeuse la transporta dans les Alpilles, dans la chapelle Notre-Dame-du-Château.*

# SAINT-GABRIEL

A l'extrémité occidentale des Alpilles, ayant assuré pendant des siècles la liaison entre les collines et le Rhône sur les marais qui balayaient l'espace jusqu'à Tarascon, une bourgade a vécu au rythme lent de ses " utriculaires ", les mariniers des roseaux.

Ernaginum sur la voie Aurélienne sera détruite en 480 par les Wisigoths, et ses habitants se réfugieront à Tarascon. Pourtant le site ne sera pas abandonné. Un château y est construit sans doute au VIe siècle ; au cours des âges il devient une forteresse importante qui surveille le goulet entre la montagne et le fleuve. En 1204 nous voyons le comte Alphonse II remettre le château à Rostang de Sabran, représentant le comte Guillaume IV de Forcalquier, en garantie d'un traité de paix.

En montant derrière la chapelle Romane, on rencontre les ruines de ce château, les traces de son enceinte et de son fossé. Une belle tour est encore debout, montrant des parois de pierre de taille à bossage.

Dans un décor d'oliviers, un cyprès plein d'élégance sur le côté de la porte, se montre la façade de la chapelle Saint-Gabriel.

L'église romane.

Construite au cours du XIIe siècle, Saint-Gabriel mélange curieusement sur sa façade des éléments d'inspiration ou de souvenirs romains et une architecture romane fort ouvragée. La porte d'entrée en plein cintre porte un linteau sculpté. D'un côté se trouvent Adam et Eve près de l'arbre interdit ; de l'autre est Daniel dans la fosse aux lions.

Le premier niveau de la façade se caractérise par une arcade en plein cintre bordée d'une frise qui abrite un fronton triangulaire reposant sur deux colonnes corintiennes, véritable survivance des temples romains. L'intérieur du fronton a pour sculpture l'Annonciation et l'ange Gabriel à qui est dédié l'édifice.

Le deuxième niveau a été décoré aux temps modernes d'une rosace richement ornée de cœurs et de têtes alternant autour d'un oculus. Les représentations des quatre évangélistes font saillies autour de la rosace tandis qu'un agneau domine le fronton.

Cette façade tellement vivante avec ses différents aspects architecturaux, contraste avec le reste de la construction. Une sobriété où rien ne retient l'œil, des lignes d'une pureté absolue, allant des contreforts dorés aux bards de la toiture, ces dalles de pierre intactes dont les alignements caractérisent l'art provençal.

Et puis, Saint-Gabriel garde toute la poésie des touffes de thym foulées lorsqu'on grimpe sur la colline. Le contraste est saisissant entre plaine et montagne, entre les rizières d'où, tout là-bas, émergent les tours massives de Tarascon, et les pentes où affleure le caillou, où se tordent oliviers, amandiers et pins touffus.

## SAINT-MICHEL-DE-FRIGOLET

Emmitouflée dans un creux de garrigue pleine d'herbes odoriférantes, l'abbaye Saint-Michel-de-Frigolet ne pouvait avoir un autre nom que celui du thym que les Provençaux appellent la « ferigoulo ».

Au cœur de la Montagnette, cet îlot des Alpilles si connu dans la région, loin des miasmes et des fièvres des marais qui stagnent tout autour dans la plaine, les moines de Montmajour adoptent le champ de thym et y fondent le prieuré Saint-Michel pour venir s'y reposer lors de leurs travaux d'assèchement ; ne sont-ils pas coseigneurs de Graveson, à deux lieues d'ici ?

Ainsi dès le XIe siècle, une église dédiée à saint Michel et un cloître apparaissent dans les garrigues.

Il était naturel qu'un tel climat favorisant les convalescences des paludéens, devienne le lieu d'imploration de Notre-Dame-du-Bon-Remède. Bientôt une chapelle lui est édifiée et devient lieu de pèlerinage. Aussi le monastère, sécularisé en 1316 par le pape d'Avignon Jean XXII, reçoit-il de nombreux visiteurs. Une des plus illustres dames de son temps vient à Frigolet, Anne d'Autriche vient prier Notre-Dame-du-Bon-Remède de lui donner un fils, tandis que son époux Louis XIII se rend à Notre-Dame-de-Liesse. Louis XIV naît ; la reine fait don à Frigolet de magnifiques boiseries et des peintures de Mignard.

L'ordre des Prémontrés, fondé au XIIe siècle par saint Norbert, à Prémontré près de Soissons, vient s'établir à Frigolet au siècle dernier. Le monastère, abandonné et pillé pendant la Révolution, n'était plus habité que par quelques ermites. Sous la dynamique impulsion des pères abbés, les bâti-

Vue du Monastère.

ments conventuels sont agrandis. Une nouvelle église est construite, qui englobe la chapelle de Notre-Dame-du-Bon-Remède. Un abbé eut l'idée de faire couronner l'enceinte du monastère de créneaux, donnant à l'ensemble une allure moyenâgeuse surprenante dans cette paisible Montagnette.

Depuis, les Pères Blancs appliquent dans toute la région cette devise : "Prêts à toute œuvre de bien".

On la voit cette soutane blanche lorsque les pères se promènent dans la Montagnette, venant puiser à la source les forces qu'ils diffusent entre la vie conventuelle et l'animation apostolique. On les voit, aumôniers d'écoles et de lycées, venir dans les paroisses, prêcher et enseigner. D'ailleurs, dans l'enceinte de Frigolet un collège est ouvert, successeur de celui où Frédéric Mistral commença ses études.

Frigolet conserve aussi les souvenirs d'Alphonse Daudet dont le plus célèbre est l'histoire du révérend-père Gaucher, celui qui trouva le secret de la délicieuse liqueur aromatisée par les cents herbes des garrigues. C'est là, un épi-

Le retable de Notre-Dame-du-Bon-Remède.

sode folklorique qui ne dépasse pas la boutique aux souvenirs de l'abbaye. Par contre, Frigolet est toujours imprégné de l'esprit provençal du Félibrige. Le père Xavier de Fourvière en est un exemple qui y écrivit : “Lou Pichot Tresor”, dictionnaire provençal condensé de celui de Mistral et la Grammaire Provençale.

Frigolet haut lieu de l'esprit provençal, c'est ce que l'abbaye est devenue et ses Pères Blancs sont les animateurs du décor. Ce sont eux qui reçoivent leurs milliers d'amis pour la Fête de la Jeunesse le lundi de Pâques.

Alors dans les garrigues, toute la journée, la foule bigarrée applaudit aux danses des Comtadines, aux “cordelles” des Arlésiennes, aux exploits des gardians de Camargue qui, le soir venant, disparaissent sur les crêtes, ombres chinoises d'un passé qui ne veut pas mourir.

La Provence se retrouve aussi pour la nuit de Noël animée par les chants du terroir et l'amour bien connu des gens de la région pour l'arrivée de l'Enfant que les tables familiales honoreront ensuite des treize desserts.

Il y eut Montmajour, Saint-Paul-de-Mausole et les Dames de Mollégès. Aujourd'hui, les Prémontrés poursuivent cette tradition d'une présence active de la vie monastique dans la région.

La chapelle Saint-Julien.

La visite de Frigolet commence par une halte à la chapelle du XIIᵉ siècle qui se trouve devant l'arrivant au monastère. Son toit de lauzes a conservé la crête faîtière romane. L'intérieur est fort simple ; c'est la chapelle d'hiver où les moines célèbrent les offices. Elle communique directement avec le minuscule cloître central dont la simplicité étonne, même au pays où l'art roman est si souvent beau dans sa frugalité.

La cathédrale actuelle est une construction de l'abbé Pougnet, de la seconde moitié du XIXᵉ siècle. On est surpris en y entrant par la prodigieuse décoration de ses murs et de ses colonnes rondes. Des saints, des blasons, des motifs décoratifs ornementaux ont envahis la totalité de l'espace. Sur le côté droit, la chapelle de saint Joseph est à elle seule, un rare exemple de peinture troubadour, réalisée avec des couleurs industrielles. Néanmoins, les voûtes d'étoiles, les lisérés d'or, sont inspirés du décor refait pour la Sainte-Chapelle de Paris.

Vue intérieure de Saint-Julien.

C'est du côté gauche que se trouve Notre-Dame-du-Bon-Remède avec de part et d'autre, les effigies en médaillon de Louis XIII et d'Anne d'Autriche. Dans les boiseries dorées, se trouvent les épisodes de la vie de Marie peints par Nicolas Mignard. La statue de Notre-Dame-du-Bon-Remède, en bois peint, est sur l'autel, entre deux superbes colonnes torses évidées. Le devant d'autel est en cuir de Cordoue, mais a certainement été fabriqué en Avignon, spécialiste des cuirs peints à cette époque.

Vue des Alpilles.

# SAINT-RÉMY

Glanum vient d'être détruit, les habitants au lieu de rebâtir la ville païenne en ruines descendent dans la vallée et fondent une nouvelle cité autour d'un cœur chrétien.

On a retrouvé au Planet, un des rares baptistères de cette époque, bâti à côté de la première église consacrée à saint Pierre. Ce sont les évêques d'Avignon qui prennent en charge les destinées de la bourgade ; ils seront bientôt relayés par les bénédictins de Reims qui donnent naturellement le nom de leur saint au terroir. Saint-Rémy a trouvé un nom, grâce sans doute aux libéralités de Clovis, ou de ses descendants.

Au cours des invasions du V^e^ siècle, tandis que dans la région les habitants retrouvent le chemin des oppida, à Saint-Rémy on monte des tours de défense.

On sait qu'un des gouverneurs à qui les moines confiaient la gestion de leurs biens, ne fut autre que Girard de Vienne, personnage illustre qui a laissé son nom à la chanson de geste "Girard de Roussillon". Au cours du IX^e^ siècle, Girard lutte contre Charlemagne, avant de se repentir et de se consacrer à Dieu.

Plus tard le domaine de Saint-Rémy est annexé par Boson, comte d'Arles. Puis c'est l'Empereur Germanique, Conrad le Pacifique, qui en fait don à l'abbaye de Montmajour vers 964. Les protestations des moines rémois ne se font pas attendre. Il fallut partager le domaine pour moitié entre les deux abbayes, mais durant des siècles des contestations vont s'élever.

Saint-Rémy : Rue du Passage, derrière l'Hôtel de Sade.

Non content d'appartenir à deux monastères, Saint-Rémy en voit un se construire sur son sol. Ce sont les chanoines d'Avignon, qui vers 1080, édifient Saint-Paul-de-Mausole, à quelques mètres des Antiques.

Charles d'Anjou décide de créer à Saint-Rémy, en 1262, un atelier monétaire qui fonctionna jusqu'en 1372, laissant aux numismates des pièces fort belles de la monnaie provençale.

Parmi les privilèges donnés par les comtes de Provence aux habitants de Saint-Rémy, figure celui de l'inaliénabilité de la ville au domaine royal, et la dispense du péage de Saint-Gabriel. Mais si la liberté du péage resta à l'assemblée des hommes de Saint-Rémy, ceux-ci eurent bientôt l'occasion de se plaindre de leurs souverains. La reine Jeanne en 1353 ne donne-t-elle pas la ville à Guillaume Roger de Beaufort, frère du pape Clément VI, pour le remercier de ses bons offices. Les Rémois par leurs protestations finissent par obtenir la visite du sénéchal de Provence qui, au lieu de recevoir obéissance, reçoit les doléances de 207 nobles et roturiers qui se présentent à lui. Les malheureux furent condamnés à payer des amendes suivant leur degré de fortune.

La famille de Beaufort eut pour enfant terrible Raymond de Turenne qui, depuis les Baux, rançonne toutes les Alpilles durant vingt ans. Saint-Rémy, au pied de la montagne, était une base d'approvisionnement magnifique. Malgré eux, les Saint-Rémois furent entraînés dans cette guerre.

Saint-Rémy : Rue du Passage, à gauche l'Hôtel de Sade.

Le roi René continua une politique de dons puisque, les comtes ayant récupéré la ville, Elisabeth première femme du roi la lui fait donner à Surléon de Spinola et Odile sa femme, en 1453. Quelques années plus tard, René redonne le domaine à sa seconde épouse Jeanne de Laval qui y vient souvent et apprécie les séjours qu'elle y fait dans la “Maison de la cour”.

Louis XI, nouveau comte de Provence à la mort de Charles III, fait don de Saint-Rémy à Jean d'Anjou. Devant la résistance de la ville un procès s'ouvre. Il est suivi d'un autre lorsqu'il donne ces revenus fictifs à sa fille Catherine qui épouse Palamède de Forbin. Finalement, Louis XIII fit don de la cité au marquis de Monaco, Hercule II Grimaldi (voir le passage concernant les Baux consacré aux Grimaldi), en 1643.

Rue du Passage.

La peste de 1720 fut terrible pour les trois mille habitants de Saint-Rémy. Malgré les précautions, le fléau pénétra dans les faubourgs, puis dans les remparts. En quelques mois 933 personnes meurent. A un moment donné, le boulanger ne sort plus qu'escorté par une garde armée, mais cela n'empêche pas le dernier boulanger, Maillefaut, de succomber. Les médecins attrapent eux aussi la peste ; l'un d'entre eux, M. Bellisime, soigne les malades en robe de pénitent bleu. Ils seront sept à laisser leur vie dans l'accomplissement de leur tâche. Dix-huit prêtres les accompagnèrent dans la mort. Au bout d'une année d'épidémie, Saint-Rémy avait perdu le tiers de ses habitants.

*LA VILLE DE FRETA DÉTRUITE PAR LES SARRASINS. En 737, les Sarrasins submergent la Provence. La petite bourgade de Freta qui se trouve à proximité de Saint-Rémy, est anéantie ; devant le désastre, ses habitants rejoignent la cité toute proche et finissent par s'y confondre. Cette légende se retrouve dans la chanson de geste dite le " Roman de Tersin ", puisqu'il y est dit que Charlemagne passe au pied d'une montagne où se trouve une ville appelée Freta située près d'un mausolée (sans doute le cénotaphe des Antiques).*

*SALOMON BEN BUZAS, juif de Saint-Rémy au XIVᵉ siècle, va plaider devant le juge de Tarascon, car le viguier de sa ville où il est propriétaire veut l'obliger à payer plus que ce qu'il doit pour sa participation aux charges communales. Finalement une transaction se fera sur la base de trois florins par an en contribution.*

Une rue de Saint-Rémy.

*LA SÉPARATION DES BOUCHERS JUIFS ET CHRÉTIENS interviendra à Saint-Rémy en 1339. Les Chrétiens de la ville se plaignent au juge qu'ils ne peuvent trouver sur le marché aux viandes que des bêtes sacrifiées suivant le rituel juif et de ce fait " inconvenantes, malpropres et sans goût ". Le juge décide en conséquence de la création d'un étal réservé aux Juifs et interdit l'abattage rituel dans les boucheries chrétiennes.*

*NOSTRADAMUS est né à Saint-Rémy-de-Provence le jeudi 14 décembre 1503 à midi. Il fait ses études en Avignon, où il suit les cours de la Faculté des Arts. Maître ès Arts en 1521, il part pour Montpellier suivre les cours de la Faculté de Médecine. La peste de 1526 ravage Narbonne, Toulouse, Bordeaux. Durant quatre ans Michel de Notre-Dame parcourt ces régions, étudiant la maladie et soignant les personnes atteintes. De retour à Montpellier, il passe son doctorat de médecine. Puis voyage, Toulouse et Agen où il étudie avec Scalinger qui plus tard le traitera de " sale juif et de mâcheur d'infâme charabia ", ce qui ne l'empêchera pas de s'y marier et d'avoir deux enfants. Soupçonné de protestantisme il part pour Bordeaux et La Rochelle, puis effectue un tour de France. De retour à Marseille, il secourt les pestiférés d'Aix en 1546. Puis, sa femme étant morte, il épouse à Salon Anne Ponsard qui lui donnera six enfants : Madeleine, Anne, Diane, César, Charles et André. Installé médecin, il fabrique aussi des fards, des pâtes et poudres de beauté, des dragées d'Hercule, et des horoscopes. En 1550 paraît le premier Almanach. D'abord à caractère météorologique, il se transforme en 1555 avec la prédiction des événements qui formeront les " Présages ". C'est alors que Michel de Notre-Dame prend le nom de Nostradamus.* *(voir p. 174)* *Son traité des " fardements et confitures " est suivi de la publication des " Centuries ", à la suite desquelles Henri II le fait appeler à Paris. En 1564 la famille royale passe à Salon et lui rend visite. Protégé de Catherine de Médicis, il reçoit Marguerite de France et Charles IX. Sa fortune est considérable lorsqu'il meurt le 2 juillet 1566 ; il sera enterré aux Cordeliers de Salon.*

ANTOINE DE LA SALLE *né à Saliès et mort à Saint-Rémy en 1544 est l'auteur, sous le pseudonyme de Antonius Arena, du poème macaronique " Meygra entreprisa catholiqui imperatoris " qui raconte les déboires de Charles Quint lors de sa tentative d'envahissement de la Provence en 1536.*

*LA POSSÉDÉE DU DIABLE est le surnom qui fut donné à Louise Capeau née à Saint-Rémy en 1580. Protestante convertie au catholicisme, elle entre chez les Ursulines d'Aix en 1606, où elle rencontre Madeleine de Demandolx, malheureuse héroïne du procès de 1610 qui condamna le prêtre Gaufridy à être brûlé en place publique à Aix. C'est Louise Capeau, persuadée qu'elle est prophétesse et bourreau de Dieu qui est le témoin principal de ce procès. En même temps que Gaufridy elle fait condamner une vieille femme sous l'accusation de sorcellerie. Finalement la possédée du diable revint à Saint-Rémy où elle mourut.*

*LES PARFUMEURS ET LES CORBEAUX. Ce sont les noms que l'on donnait à ceux qui essayaient de juguler la peste et à ceux qui enlevaient les cadavres. Les parfumeurs faisaient brûler un mélange composé de : 4 poignées de graines de genièvre, 2 poignées de Rudo, de racine d'Enula-Campane et d'écorce intérieure de bouleau ; 3 poignées de savinier, 2 poignées de corne de bouc râpée et 3 poignées de corne de cheval en poudre ; 8 livres de feuilles de chêne et 2 livres de myrrhe rouge complétaient le " parfum " que l'on faisait brûler dans les pièces ou les lieux à désinfecter.*

*GOUNOD A SAINT-RÉMY. Installé à l'hôtel " Ville Verte " de Saint-Rémy pour y écrire la musique de Mireille, Gounod écrivait à un de ses amis : " Vous souvenez-vous de ces heures de délicieuse flânerie, pendant lesquelles on a l'air de ne rien faire et où l'on fait tant de choses, dont la première est d'être heureux ".*

Une maison très ancienne.

Environs de Saint-Rémy.

## Promenade dans Saint-Rémy

Le tracé des remparts de Saint-Rémy correspond au boulevard circulaire. La porte Saint-Paul est la plus récente puisque percée en 1775. C'est elle qui conduit à la place Pélissier où se trouve la mairie, ancien couvent des Augustines. Nous sommes alors derrière l'église Saint-Martin, reconstruite au siècle dernier et dont le clocher seul rappelle les largesses du pape Jean XXII à Avignon en 1330.

En descendant par les petites rues derrière la mairie, on parvient sur la place Favier, le Planet où a été découvert un baptistère des premiers siècles du christianisme. Sur la place donnent les façades des deux plus beaux hôtels de la ville, de style Renaissance fort élaboré. Celui de Mistral-Mondragon reçoit le musée communal, à côté l'hôtel de Sade renferme les magnifiques vestiges des fouilles de Saint-Rémy. Nous conseillons fortement aux visiteurs de s'y rendre pour mieux comprendre et apprécier les ruines de Glanum, car c'est dans les salles bien aménagées que s'animent ces âges qui vont du culte de la tête coupée à la bague en cristal de roche de la maison des Antes, décorée d'une tête de femme admirablement ciselée.

L'angle d'une maison face à la Place du Marché, sur la route des Antiques.

La Fontaine de Nostradamus dans le centre-ville.

Si l'on continue ensuite de traverser la ville on parvient à la seule porte intacte des remparts appelée le Portail du Trou, simple percée dans la muraille. Par contre, de la place Favier, on peut prendre à gauche la rue Carnot et se rendre jusqu'à la fontaine Nostradamus. Cette œuvre de Léotard aurait remplacé un buste de Louis XVI.

## Notre-Dame-de-Pitié

La route qui monte vers les Alpilles longe, au sud de Saint-Rémy, la chapelle Notre-Dame-de-Pitié. Ce petit édifice érigé au XIIIe siècle a été remanié entre 1650 et 1670 pour prendre son vocable actuel ; Notre-Dame-de-Pitié protège les troupeaux,des pestes et des sécheresses. Son porche, couronné de balustres carrés, date de 1703.

A l'intérieur se trouve l'admirable série de toiles données par Mario Prassinos et faites spécialement en 1985 pour la chapelle. Ces "Peintures du supplice" expriment, suivant le mot de Philippe Latourelle, le triomphe de l'Amour sur le supplice infligé, il est à la victoire de l'Esprit, une inscription nouvelle de la souffrance et de l'espoir des hommes.

A l'étage sont exposées des études pour les peintures du supplice ainsi qu'un portrait de Mario Prassinos. On verra le reste de la donation faite par l'artiste à Saint-Rémy à l'hôtel Estrine pour la série des "Cyprès de Spetsai" et les tapisseries ; à l'hôtel de Sade pour les "Alpilles", grandes encres sur papier, les "Suaires", les "Péretextats et les Forêts".

*MARIO PRASSINOS, 1916-1985, est un Grec de Constantinople dont la famille arrive en France dès 1922. Ce Parisien va rencontrer et travailler avec toute la génération artistique d'avant et d'après-guerre. Illustrateur de quantités de livres, peintre des costumes de Jean Vilar aux Festivals d'Avignon, il s'installe en 1951 à Eygalières où il travaillera désormais. C'est au cœur des Alpilles que surgissent ses méditations sur son art, les témoignages des multiples facettes de son talent : tapisseries, décors, costumes, lavis, gravures, dessins. Avant de mourir, il lègue à l'État 108 œuvres qui seront présentées à Saint-Rémy-de-Provence.*

Environs de Saint-Rémy.

Glanum.

## Glanum

Glanum est le nom de cette ville enfouie au pied des Alpilles et qui revit lentement depuis les fouilles entreprises en 1921 par Henri Rolland.

A l'origine de la cité, se trouve une source qui apporte ses vertus bienfaisantes à une station placée au débouché de la route qui passe les Alpilles en direction de Massalia. Au-dessus, cachée dans le rocher, une faille devient temple souterrain. L'ensemble se place sous le nom du dieu Glan.

Au Ve siècle avant notre ère, se crée un comptoir qui assure les échanges entre Grecs de Marseille et Salyens de l'intérieur. Tous les occupants vont déifier le point d'eau. Les Salyens honorent les Mères Glaniques et développent leur culte des têtes coupées, comme en témoignent plus tard les entailles du linteau conservé au musée. Assurant la protection des murailles et fournissant l'énergie spirituelle des guerriers, ces têtes coupées reflètent aussi bien le souci du passage vers l'au-delà que le respect dû au courage et à l'intelligence des morts valeureux.

Des statues de chefs, en position héroïsée, vêtus de cuirasses et porteurs de torques et de bracelets, témoignent, elles aussi, de ce culte des héros que l'on retrouve dans les cités salyennes.

Peu à peu, l'influence grecque devient ici prédominante et à partir du IIe siècle, un nymphée recouvre la source ; un temple toscan est érigé, un péristyle construit. Les nouvelles fouilles viennent d'ailleurs de dégager un puits cultuel. Les premières maisons à cour sont construites durant cette période.

Sanctuaire de la source miraculeuse.

Puis c'est la romanisation extrêmement rapide et une nouvelle ville se superpose à la cité grecque. Des maisons différentes, plus petites, mais peintes, agrémentent le site, dont la Maison des Alcôves. Un « bouleutérion » sera réservé aux assemblées municipales.

Les trésors monétaires ont permis de retrouver des drachmes frappées au début du Ier siècle avant notre ère. Elles portent d'un côté la tête de la déesse Déméter couronnée d'épis, et de l'autre, un taureau bondissant avec la mention « GLANIKON ». Ces pièces en argent ont la beauté d'un style hérité de Marseille, mais leur poids, aligné sur celui du numéraire indigène, montre que si Glanum est une cité alliée de Massalia, elle reste malgré tout indépendante.

La cité poursuit son édification, le temple de la déesse Valetudo sur la source, les deux temples géminés entourés d'un portique, les thermes et le mausolée, l'embellissent. Le passage à notre ère poursuit cet essor avec l'arc municipal, l'agrandissement du forum doté d'un autel, un autel au culte impérial et une curie.

Fragment de frise à Glanum, dans le secteur le plus ancien du site.

L'histoire de Glanum se terminera vers 270, lorsque les premières invasions ruineront le site. La ville sera alors abandonnée, transformée en carrière dont les éléments seront réutilisés dans la cité nouvelle de Saint-Rémy.

## Les Antiques

A l'entrée de la ville antique de Glanum, se dressent deux des plus beaux monuments romains de cette partie de la Méditerranée : l'arc municipal et le mausolée des Julii.

### *L'Arc Municipal*

Cet arc de triomphe, en fait municipal, est le plus ancien des arcs élevés en Narbonnaise et date de l'époque de l'empereur Auguste. Large de douze mètres, son arcade unique est décorée à l'intérieur de caissons hexagonaux ;

Exèdre avec bancs. Graffito représentant un bateau.

Exèdre. Graffito représentant un paysage architecturé.

une frise montre, de part et d'autre de la naissance de l'arc, les instruments de musique et de sacrifice évoquants les cortèges rituels. Sur chaque face, des archivoltes décorées par les fruits de la région (mûres, raisins, grenades, olives, pignes de pins) sont encadrées de victoires tenant des « vexilla ». Quatre groupes de sculptures montrent des hommes et des femmes enchaînés deux à deux afin de rappeler les victoires de César sur les peuples du nord. Le groupe du nord-est semble montrer un captif et une allégorie féminine, peut-être Rome, assise sur un monceau d'armes parmi lesquelles se distingue une carnynx, la trompette gauloise.

*Le Mausolée*

L'étude du monument a montré qu'il s'agit d'une tour élevée vers 30 av. J.-C. L'inscription de la face orientale confirme qu'il faut exclure l'identification des Princes de la Jeunesse (Caius et Lucius, petits-fils d'Auguste), mais y voir un édifice à la gloire de la famille des Julii de Glanum. Il s'agit d'une manifestation de vénération aux ancêtres d'une famille qui a participé à la conquête de la Gaule et qui fut récompensé en recevant le nom de la gens de Julius Caesar.

La tour se compose de trois éléments superposés : un socle carré, un arc quadrifrons et un temple rond.

Les quatre faces du socle sont sculptées de bas-reliefs qui montrent à quel point l'intégration des Gallo-Romains de la Provincia s'est faite rapidement, au point d'aller chercher dans les légendes et mythologies grecques, leurs origines. Les bas-reliefs sont surmontés de guirlandes portées par des génies et ornées de masques de tragédie. C'est donc un véritable théâtre de la mort qui s'exprime.

Cénotaphe
des Antiques.

Sur la face nord est décrit un combat de cavalerie. A l'est se déroule une amazonomachie. Au sud, on voit la mort de Méléagre, chargé par le sanglier de Calydon. A l'ouest un combat d'infanterie montre sans doute Achille cherchant à récupérer le corps de Patrocle.

Au-dessus, un petit arc de triomphe à quatre côtés est surmonté d'une frise où s'affrontent tritons et sirènes. C'est là que se trouve l'inscription : SEX. L. M. IULIEI C. F. PARENTIBUS SUEIS (Sextus, Lucius, Marcus Julii Caii Filii, Parentibus suis), soit la dédicace : Sextus, Lucius, Marcus, fils de Caius, à leurs parents.

Enfin, faisant culminer le mausolée à dix-huit mètres de haut, se trouve une tholos, petit temple rond au toit couvert d'écailles et qui abrite deux statues masculines.

*LES DÉESSES DE GLANUM. Une inscription trouvée à Glanum se traduit ainsi : " Au dieu Glanis et aux déesses de Glanum et à la fortune revenue, Marcus Licinius Verecundus, de la tribu Claudia, vétéran de la XXI^e légion Rapax, a accompli son vœu volontiers et à bon droit ".*
*La légion " Rapax " était stationnée sur le Rhin.*

*HERCULE PROTECTEUR DE GLANUM. Un sanctuaire à Hercule s'est élevé à Glanum et les habitants lui dédiaient des ex-voto : " Vœu accompli à Hercule vainqueur pour la sauvegarde et le retour de Caius Licinius Macer, tribun, et des centurions et des soldats de Glanum qui ont été sous les drapeaux ", Cnaeus Pompeius Cornutus, sous-officier en retraite, ce qui lui a coûté 500 sesterces ".*

Cénotaphe, combat de cavalerie du socle.

## Visite de Glanum

Deux rues composent les fouilles actuellement ouvertes au public.

Devant soi, lorsqu'on pénètre sur le champ de ruines, se trouve la rue des Thermes. Elle présente une suite d'habitations sur son côté ouest avec notamment la maison d'Atys et la maison des Antes réparties de part et d'autre d'un marché.

La maison d'Atys (appelée ainsi car on y a retrouvé un petit bas-relief exposé au musée de Saint-Rémy représentant Atys, l'amant de la déesse Cybèle) montre une cour entourée de piliers.

Glanum.

Entre cette demeure et le marché voisin, un petit temple était réservé à Cybèle, la bonne déesse. Un autel votif et une table d'offrande portent les noms de deux prêtresses, semble-t-il, de la déesse, Loréia et Attia Musa ; la famille de cette dernière prétendait d'ailleurs avoir pour ancêtre Atys.

Du marché de type hellénistique, on accède directement à l'autre maison de la première période, celle des Antes, reconnaissable à ses douze colonnes entourant l'impluvium, dont certaines ont été redressées.

En face et en descendant vers le sud, on rencontre la maison d'Epona ; on y a découvert un autel dédié à cette déesse protectrice des chevaux. Derrière cette maison se trouvent les différentes parties des thermes, les bains qui datent de la dernière période de la République romaine.

Les deux salles chauffées, tépidarium qui était tiède et le caldarium qui était chaud, avaient leur alimentation en chaleur assurée par deux gros fourneaux. Une troisième salle leur est accolée, le frigidarium par où commençait le bain.

On accédait à ces trois pièces par le palestre qui est à côté, vaste enceinte bordée de portiques sur trois côtés, le quatrième, au nord, recevant continuellement le soleil. Derrière ce mur, la piscine est alimentée par l'eau de la montagne qui se déverse au travers d'un masque de dieu-fleuve.

Cénotaphe, partie supérieure prise en perspective montante.

Toute la portion sud est ensuite couverte par le forum créé sur un terre-plein remblayé vers 25 à 20 avant J.-C. La partie nord du forum est la plus haute, elle était l'assise d'un grand bâtiment rectangulaire doté d'une abside à l'ouest. Vingt-quatre colonnes carrées soutenaient le vaste bâtiment qui se trouve à côté donnant vers le sud. Alors s'étend le forum proprement dit, avec ses deux portiques de onze colonnes chacun. En remontant vers les collines à l'extrémité du terre-plein, on rencontre un bassin en demi-lune autrefois décoré de statues, dont un guerrier agenouillé qui est conservé au musée de Saint-Rémy.

En face de la fontaine les restes des deux temples élevés sous Auguste ont été complètement rasés. Néanmoins de nombreux vestiges ornementaux ont été retrouvés alentours, dont les acrotères faîtiers et d'angle de style corinthien, dont la beauté donne une idée de la richesse des édifices. Tout autour, un péribole ferme l'enceinte des temples sur trois côtés. C'est d'ailleurs sous les restes du péribole côté sud qu'ont été retrouvés les traces de la salle d'assemblée des Grecs, le bouleuterion, reconnaissable à ses larges gradins d'époque hellénistique. Entre les deux temples, un puits recélait deux têtes de marbre, celle de la sœur d'Auguste, Octavie, morte en 11 avant J.-C., l'autre paraît être Julie la fille d'Auguste, la mère de Caius et Lucius.

Alors les temples auraient-ils été consacrés à Auguste déifié et à sa famille ? Cela est probable, d'autant plus que la statue d'un jeune homme portant encore la bulle d'or des non-adultes se trouvait dans l'un des temples. Cela donne l'ampleur de Glanum dans l'époque romaine.

Derrière la fontaine triomphale, des abris étaient bâtis pour les fidèles et les malades venus s'abreuver à la source sacrée. Enfin les vestiges d'une porte défendant l'accès de la ville par la montagne montre sa robuste architecture. Les roues des charrettes ont laissé des traces contre la pierre, tandis qu'une porte en chicane permettait le passage des piétons.

Au-delà de la porte, un escalier à palier conduit au sanctuaire indigène primitif. Installé avant même l'arrivée des Grecs, il est surmonté d'une caverne où a été retrouvée la statue d'un héros gaulois, assis en tailleur, à la manière orientale. De part et d'autre de l'escalier étaient placés les piliers porteurs de têtes coupées, symboles du culte des morts des Salyens. Au pied de l'escalier l'autel votif d'un légionnaire de la légion Rapax est dédié aux déesses de Glanum.

De l'autre côté de la chaussée s'élevait le nymphée. Vingt-deux marches descendent jusqu'au bassin qui recueille l'eau. Un bassin creusé dans le rocher la reçoit, puis les Grecs élèvent un monument dédié à Apollon. Restauré par Agrippa, le nymphée s'agrandit alors sur son côté méridional, d'un sanctuaire à Valetudo, déesse de la santé guérisseuse. Tout autour ont été retrouvés de nombreux autels dédiés à Hercule dont la statue se trouvait là en tant que protecteur émule de Valetudo.

Glanum.

L'allée conduisant à l'Église romane dans l'enceinte de l'hôpital où séjourna Vincent Van Gogh.

## Saint-Paul-de-Mausole

En face des Antiques, à trois cents mètres de la route, se trouve l'ancien hôpital où Vincent Van Gogh trouva refuge du 8 mai 1889 au 16 mai 1890. Cet ancien asile d'aliénés fut ouvert en 1768 ; il est devenu aujourd'hui une maison de repos. Pendant la guerre de 14-18, le docteur Schweitzer y fut interné à cause de son origine alsacienne.

Le prieuré de Saint-Paul-de-Mausole baigne dans la paix. On y accède par une petite route ombragée de pins, environnée d'oliviers et de pierres plates. On s'imagine facilement Van Gogh, attelé à sa peinture, absorbé à retracer des ciels et des fleurs qui abondent ici au printemps.

Passé le mur d'enceinte, une allée fleurie de nombreuses plantes, dont de superbes acanthes, conduit jusqu'à l'entrée de l'église dont la façade a été refaite au XVIII$^{e}$ siècle. L'église elle-même est romane. D'une grande simplicité intérieure, sa voûte en plein cintre est contrebutée par deux nefs latérales très étroites, l'ensemble imite en cela Saint-Trophime d'Arles. L'abside est voûtée d'un cul de four, tout comme les deux absidioles. Une porte aménagée dans le bas-côté sud, correspond avec le cloître.

Le cloître a un charme rare, donné par sa petitesse et l'abondante décoration de ses chapiteaux, en particuliers ceux de la galerie sud. Des plaques aux inscriptions du XIIe siècle sont scellées dans les murs, ce sont des plaques funéraires des prévôts du prieuré.

Les chapiteaux de la galerie sud sont exceptionnels par la qualité et la variété de leur décor. Les premiers portent une minuscule tête qui crache des enroulements de fils qui emplissent les corbeilles. Les deux chapiteaux suivants portent, d'un côté, l'archange saint Michel affrontant un démon ; de l'autre, un sagittaire vient de décocher une flèche à une sirène qui lui fait face. Du côté du jardin, un personnage renversé est la figuration du monde à l'envers, ses mains lui fermant les oreilles permettent de l'assimiler à un des deux cercopes capturés par Hercule (les oreilles cachées symbolisant le refus d'écouter la parole évangélique). Ensuite, deux sirènes bifides portent un poisson, elles sont inspirées de la frise du mausolée tout proche.

Dans la seconde arcature, le chapiteau côté jardin, reprend le thème d'un candélabre à fleuron qui se trouve sur l'arc de triomphe proche. Les chapiteaux qui suivent portent de superbes feuilles d'acanthe.

L'un des chapiteaux du cloître.

Saint-Paul-de-Mausole, vu de la petite route le contournant par la droite.

La dernière travée de la galerie fait de nouveau appel à la tératologie, à ces monstres fantastiques qui hantent le bestiaire médiéval. On y voit des éléphants marins à queue de poissons, des basilics à corps de poules et queue de serpents, des sphinges affrontées.

De cette galerie, on découvre le clocher du XIIe siècle dont le premier niveau sert de passage entre le cloître et l'église. Sous le toit de lauzes, pyramidal, des arcatures de bandes lombardes encadrent des baies géminées.

Clé de voûte de l'Église.

## Les carrières romaines et le Mas de la Pyramide

Lorsqu'on fait le tour vers la colline, de Saint-Paul, on parvient à un demi-kilomètre aux anciennes carrières de pierre de l'Antiquité, toujours en activité. Une impressionnante descente permet d'arriver dans d'immenses salles souterraines de mollasse très blanche. L'endroit est grandiose.

Un peu plus loin, se trouve le Mas de la Pyramide (entrée payante). Il s'agit d'une demeure des XVII$^{e}$-XVIII$^{e}$ siècles, qui a utilisé le rocher comme appui. Certaines pièces sont creusées dans le roc. A côté, de vastes cavernes abritent un véritable musée de l'outillage agricole du début de ce siècle.

Un vaste cirque rocheux s'ouvre devant le Mas. Une baignoire antique gît sur le côté, un puits très ancien s'ouvre au milieu de l'immense espace. Il s'agit tout simplement du dégagement des blocs de pierre sur une quinzaine de mètres d'épaisseur qui est à l'origine du phénomène actuel. Au centre de l'étrange carrière, se dresse une flèche de pierre, la pyramide. Haute de quinze mètres, elle porte encore des trous d'attache d'animaux et des cupules porte-lampes de l'Antiquité.

## La tour Cardinale

Pour se rendre à la tour Cardinale dans la campagne de Saint-Rémy, il faut prendre la route qui longe l'ancien pesage public à partir de la place de la République. C'est l'ancienne route de Saint-Etienne-du-Grès. A environ trois kilomètres, se trouve la tour, masquée par des rideaux de cyprès, à gauche en regardant les Alpilles.

Cette tour féodale fut donnée en 1350 par la reine Jeanne à Guillaume II Roger, frère du pape Clément VI. Elle passa ensuite dans les propriétés de l'oncle de sa femme, le cardinal Raymond de Canillac qui laissa au lieu son nom de tour Cardinale.

Le domaine appartint ensuite au petit-fils de Roger, le fameux Raymond de Turenne, redoutable chef de guerre qui tint tête au pape pendant longtemps à partir du nid d'aigle du château des Baux et de Montpaon qu'il occupait. Les Alpilles furent son fief, de fait, jusqu'au moment où il fit amende honorable devant le pape. La tour Cardinale fut alors donnée en 1379 à Bernard de la Sale.

Ce condottière fut au service des papes Grégoire XI et Clément VII avant de passer à celui du roi Louis d'Anjou. Il ne profita pas longtemps de ce bien car il mourut au combat en 1390. Cinq ans auparavant il avait eu un fils, Antoine, de Perrinette Damendel, qui héritera du domaine.

La tour Cardinale.

Antoine succède à son père au service de Louis d'Anjou et parcourra l'Italie en tous sens. Ses voyages, son expérience l'inciteront à composer plusieurs ouvrages, dont la "Salade ou le Paradis de la Reine Sibylle", en 1442, destiné à Jean de Calabre : "Je vais vous décrire, pour rire et pour passer le temps, les choses extraordinaires qu'on trouve dans les monts et au lac de la Sibylle ... ".

C'est rentré d'Italie qu'il écrit, toujours pour Jean de Calabre, le chef-d'œuvre fameux : "Le petit Jehan de Saintré", en 1451. L'éducation du petit Jehan y est faite par une jeune veuve, la dame des Belles Cousines. Devenu un chevalier accompli, Jehan pour plaire à sa dame, part en de lointaines expéditions. Mais à son retour il trouve la place prise par Damp Abbé. Décidé à se venger, Jehan dévoilera à toute la cour la conduite indigne de la dame.

La tour médiévale a disparue ; elle fut remplacée en 1558 par la superbe architecture Renaissance que nous admirons aujourd'hui. Ce chef-d'œuvre si gracieux fut commandé par les Peytavin de Tarascon.

A la Révolution, la tour sera vendue comme bien national. Ce n'est qu'en 1961 que M. Caillaud et sa famille, conquis par la beauté des lieux et du site, décident de redonner à l'édifice sa gloire passée. Il était temps, la Tour du Cardinal était transformée en bergerie.

Cadran solaire du château de Roussan.

Le château de Roussan.

## Le château de Roussan

En se dirigeant vers Tarascon, à quatre kilomètres de Saint-Rémy, le château de Roussan se dissimule dans un parc du côté des Alpilles. Au bout d'une allée de platanes la belle demeure, élevée par les marquis de Ganges au XVIIIe siècle, se présente sur un seul étage orné d'un balcon à l'italienne surmonté d'un fronton triangulaire.

Sur la façade une balustrade entoure la terrasse de la maison.

Au printemps et durant l'été, le château se transforme en hôtel.

## Le lac de Saint-Rémy

Une très belle promenade est offerte aux visiteurs jusqu'au lac de Saint-Rémy. A trois cents mètres au-dessous des Antiques, une route plonge vers l'ouest et s'infléchit vers le sud pour grimper dans les collines. A son extrémité se trouve un lac de barrage, vaste retenue d'eau au cœur d'un paysage splendide.

Lorsqu'on fait le tour du lac, on peut à pied rejoindre la grand route de Maussane, à la hauteur de Glanum en empruntant le sentier qui passe dans le Grand Trou. On passe à travers une grotte grâce à des échelles de fer pour accéder sur la crête de la colline longée par la route.

La chapelle du château de Roussan.

# L'ABBAYE SOUTERRAINE DE SAINT-ROMAN

Saint Roman est mort vers 460 après avoir fondé un célèbre ermitage dans le Jura. C'est sans doute à la suite de celui-ci que de nombreux prieurés portent ce nom. C'est le cas pour Saint-Roman-d'Argence, au-dessus de Beaucaire, dont on pense qu'il fut fondé par des disciples de saint Roman à la fin du Ve siècle. La plus ancienne date qui nous soit connue par les manuscrits est 1102, à laquelle Gibelin, archevêque d'Arles, attribue à l'abbaye quinze églises alentours à : Tarascon, Beaucaire, Aramon, Montfrin, Aix, Pertuis, Sisteron, Maguelone. Saint-Roman avait donc une grande importance régionale. Pourtant cela n'empêche pas son rattachement à l'abbaye de Psalmodi, près d'Aigues-Mortes, un siècle plus tard. Les moines de cette dernière l'échangeront en 1538 à un nommé François Conseil dit Nicolas. L'abbaye souterraine devient alors un fort qui surveille le Rhône. Il sera l'objet d'une bagarre assez curieuse entre catholiques et protestants. En 1574, le propriétaire de Saint-Roman, catholique, décide de remettre sa propriété aux mains de protestants. Puis, machiavélique, il tente de reconquérir son bien avec quelques amis qu'il a introduits dans la place, le capitaine Minguette, le sergent Roche, Rivière dit le Rat, Cassole. La tentative échouera. François Conseil se tue en sautant la falaise pour échapper aux protestants, seul Cassole réchappe au massacre et court avertir les gens de Beaucaire.

A partir de 1575 l'abbaye, transformée en fortin, est gardée par une dizaine de soldats.

Saint-Roman est juché sur un des trois pitons appelés Tripe Levade. L'un a gardé le nom de l'abbaye, l'autre se nomme l'Aiguille, le troisième porte l'appellation de Tripe Levade.

Lorsqu'on arrive à l'abbaye souterraine on est accueilli par la base d'une échauguette qui trône au sommet d'un pan de rempart en ruine. Les murs d'autrefois se sont éboulés dans les fossés, néanmoins on peut encore visiter la chapelle troglodytique creusée dans le roc. Longue de seize mètres, large de six, elle est close par un mur latéral. La voûte en plein cintre a disparu, laissant s'écrouler le plancher de la chapelle haute.

On monte ensuite à l'intérieur même du piton rocheux, dans la grande salle capitulaire soutenue par des colonnes de rocher aménagées lors de l'exécution. On y est surpris par l'abondance des tombes creusées à même le sol. Des absidioles latérales servaient peut-être de cellules, un siège creusé sur l'un des côtés révèle la place occupée par le père abbé ; il est décoré de sculptures primitives. Sur un mur des niches sont creusées. Dans une galerie latérale, des cuves cylindriques devaient servir de silos à grains.

Mais c'est sur le plateau que l'abbaye, qui prend dans la salle de réunion toute sa valeur spirituelle, montre ses qualités. On est au sommet d'une de ces collines, qui longent le Rhône. De l'autre côté du fleuve, Vallabrègues enserrée dans une courbe, au sud Beaucaire. Toute la région s'étale aux pieds du visiteur. Les pins ont poussé à l'emplacement de l'ancien logis seigneurial. Des citernes sont creusées dans le rocher. A l'angle nord-est, entre deux bases de murs, des tombes sont alignées, vides, belles dans leur calcaire patiné par le vent. Le Rhône tumultueux a disparu, remplacé par l'immense canal voulu par notre époque. Le barrage de Vallabrègues est juste au-dessous de l'abbaye avec son canal de dérivation qui conduit à l'écluse et à l'usine hydro-électrique, et sur ce Rhône désespérant de calme, statique, quelques automoteurs se croisent.

Une description de 1819 rapporte que le château était encore debout après la Révolution : “deux corps de bâtiments couronnés de créneaux ...” Au milieu du XIXe siècle, les Raousset-Bourbon, propriétaires des lieux, vendent le domaine et font raser la partie supérieure du château. Depuis, l'abbaye souterraine s'est abîmée, jusqu'à ce que les Beaucairois redécouvrent un jour sa beauté, et commencent à fouiller, à dégager les salles, à retrouver l'habitat troglodytique. Maintenant dégagée, l'abbaye se visite tous les dimanches après-midi.

*SAINT-ROMAN a eu son chantre. Le Beaucairois Théodore Mavrazel écrit en 1837 un drame nocturne de quatre heures intitulé : “Les fiancés, ou les ruines de Saint-Roman ”.*

## SALON

Ce vallon riant aux eaux passagères et surmonté d'une roque fière, a toujours été un lieu de passage. Une ville y naquit : Salon.

De son antiquité, on ne sait que peu de chose, son histoire commençant lorsque les évêques d'Arles en acquièrent la seigneurie et y bâtissent un château. En 871, Rostang prétend déjà avoir des droits sur le lieu. Le 13 mars 1144, l'empereur Conrad III reconnaît à l'évêque Raymond de Montredon, les droits sur Salon. Les archevêques d'Arles garderont ainsi leur autorité sur la ville jusqu'à la Révolution.

Aujourd'hui, Salon doit sa renommée à l'École de l'Air et à la Patrouille de France qui y est installée, mais aussi à son beau château de l'Empéri qui présente une des plus belles collections d'Europe d'uniformes et d'armes, tandis que la mémoire de Nostradamus flotte toujours sur la ville.

Le château de l'Empéri.

## Le château des Archevêques

Vers 1220, les évêques d'Arles construisent un nouveau palais à partir des constructions du XIIe siècle. A l'époque des papes d'Avignon, de nouvelles améliorations sont apportées par Etienne et Guillaume de la Garde, puis par le cardinal Pierre de Cros. C'est sans doute de cette époque qu'il faut dater un carreau de sol aux armes des Roger, famille du pape Grégoire XI qui fit d'ailleurs un séjour au château.

Louis Alleman qui construisit le déambulatoire de Saint-Trophime d'Arles, mourut à Salon ; il sera béatifié. Pierre de Foix, grand seigneur, fera faire les belles fenêtres à meneaux surmontées de ses armes, de la façade orientale et élèvera la galerie de la cour d'honneur. C'est de son épiscopat que date le superbe manteau de cheminée du salon d'honneur qui marque le style Renaissance dans le château.

François Ier passe en 1533 et 1536. Philippe Emmanuel de Savoie et sa jeune épouse, Marguerite de France, séjournent cinq mois au château en 1559, au lendemain de leur mariage. Cinq ans plus tard, Charles IX, accompagné de sa mère, Catherine de Médicis, de son frère le duc d'Anjou, futur Henri III, de Henri de Navarre âgé de onze ans et futur Henri IV, des cardinaux de Guise et de Bourbon, du connétable de Montmorency, fait son entrée au château. Durant son séjour il recevra Michel de Nostredame.

Entrée du château de l'Empéri.

## Guerres de religion : sièges et évasion

Les guerres de religion n'épargnent pas les Alpilles. Salon et sa place forte reçoivent d'abord le comte de Carcès, chef catholique dont les exactions obligent la reine à envoyer Henri d'Angoulême, frère batard du roi, comme gouverneur. Ce grand prieur de l'Ordre de Malte a ses armoiries dans le château. Vingt ans plus tard, la peste apaisera pour un temps les discordes qui reprendront à la fin du siècle. En 1590, le fils du comte de Carcès dirige les troupes de la Ligue qui mettent le siège devant la ville. La première enceinte est prise, mais il devra battre en retraite lorsque les troupes du gouverneur Lavalette arriveront. Le duc Emmanuel de Savoie reprendra le siège quelques mois plus tard ; ses canons ouvriront le passage dans les murailles basses et la ville capitulera le septième jour.

Tour du château
de l'Empéri.

En 1595, Carcès établira un nouveau siège qui durera soixante-quatre jours. En effet, l'abjuration de Henri IV verra son gouverneur, Nicolas Courthauld de Saint-Roman, prendre le parti de la Ligue, le comte de Carcès se mettant aux ordres du roi. Saint-Roman finira par s'échapper en utilisant l'intérieur d'une descente d'un lieu d'aisance ; mais en sautant, il se brisa le fémur ; recueilli par les siens, il réussira à sortir de la ville sain et sauf.

Le 19 novembre 1600, Marie de Médicis passe par Salon où elle est reçue en grande pompe.

Les débuts du XVIIe siècle verront la restauration du château par l'archevêque Gaspard des Laurens, qui y mourra en 1630.

Puis en 1638, le prince Casimir de Pologne, frère du roi Ladislas VII, aura sa galère échouée sur les côtes de Provence ; fait prisonnier, il sera enfermé au château, avant d'être interné à Sisteron.

Louis XIV sera au château le 16 janvier 1660.

A la fin du XVIIIe siècle, l'archevêque Jean-Marie du Lau sera le dernier seigneur de Salon avant d'être massacré au couvent des Carmes de Paris le 2 septembre 1792 ; il sera béatifié.

Tour des Canons
du château de l'Empéri.

De 1831 à 1920, le château sera occupé par l'armée ; régiments de zouaves et d'infanterie s'y succèdent. Les militaires font de nombreuses reprises à l'intérieur des salles pour y faire leurs cantonnements. Le 11 juin 1909, un tremblement de terre met à bas la courtine orientale, une partie de la grosse tour tombe et déstabilise la tour du Pigeonnier que le Génie fera sauter, écrasant au passage d'autres salles du château. En 1916, la tour Rostang de Cabre sera elle aussi arasée.

Ce sont les "Amis du Vieux Salon" qui remonteront les ruines à partir de 1926. Le Musée du Vieux Salon y sera aménagé, puis transporté au "Pavillon" où il se trouve encore sous le nom de Musée de la Crau.

En 1967, le château de l'Empéri devient le superbe Musée où sont depuis présentées les collections de Raoul et Jean Brunon.

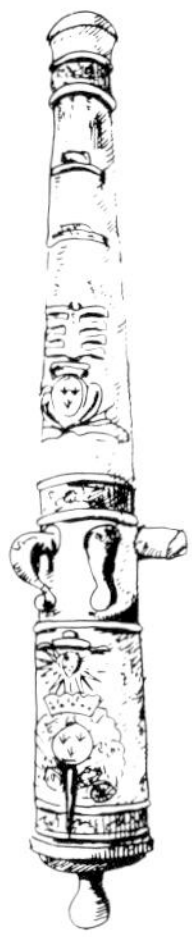

Canon en bronze, 1642, cour d'honneur du château.

*MICHEL DE NOSTRADAMUS. Michel de Nostre-Dame est né en 1503 à Saint-Rémy-de-Provence et mourut en 1566 à Salon où il est enterré dans l'église Saint-Laurent. Ce médecin exerça d'abord son métier comme professeur à Montpellier avant de se rendre jusqu'à Agen où il se maria. Mariage sans avenir, puisque l'épouse mourut peu après. Nostradamus se mit alors à voyager en Languedoc, en Italie et en Provence. Un remariage et le voilà fixé à Salon, à partir de 1544.*

*Mais la peste renaît sans cesse et on vient le chercher pour se rendre à Aix. Le médecin invente alors une recette pour se protéger de la maladie : " Prenez de la sciure du cyprès le plus vert, une once ; d'iris de Florence, six onces ; de girofle, trois dragmes ; de bois d'aloès, six dragmes ; prenez trois ou quatre cents roses rouges incarnées toutes fraîches, cueillies avant la rosée, et faites piler le tout dans un mortier. Faites-en de petites pilules et faites sécher à l'ombre. Ajoutez du musc et de l'ambre selon votre vouloir et votre pouvoir ".*

*Aix-en-Provence, comme toutes les cités de cette époque, ne connaît pas d'hygiène : " L'usage des fosses des privés n'y étant pas reçu, il faut aller faire ses affaires sur le toit des maisons, ce qui empeste les logis et même toute la ville. Principalement quand il pleut, l'eau entraîne dans la rue toute cette ordure, de sorte qu'il fait fort mauvais à cheminer en ce temps-là ".*

*Lyon a reçu aussi ses visites et ses soins. C'est là qu'il publie ses sept Centuries en 1555. Le succès est immense et Catherine de Médicis le fait venir à la cour. Ses horoscopes enchantent tout ce monde et on murmure qu'il a prédit la mort du roi Henri II. Un immense prestige entoure alors Michel de Nostre-Dame dont les publications s'arrachent. " L'Almanach avec prédictions sur les saisons et les temps de l'agriculture " ; le " Traité des Fardements et des recettes pour embellir la face " parut en 1552 ; le " Remède très utile contre la peste " date de 1561. Trois ans plus tard, le roi Charles IX lui rend visite à Salon et lui donne 200 écus d'or.*

*Gardons deux recettes, l'une pour faire disparaître les tâches de rousseurs : " Prenez quatre onces de vitriol et trois onces de sel nitre et une once d'écaille d'acier. Distillez le tout ensemble, en ajoutant une demi-once de camphre ... " Ou encore pour s'épiler : " Prenez du sang de chauve-souris, mêlez-le à du fiel de chèvre, à de la fiente de chat et à une cinquantaine de coquilles d'œufs ... "*

*Nostradamus a eu deux fils. Le premier, César, est né à Salon en 1555 et mort à Saint-Rémy en 1629. Ayant fait son droit en Avignon, il acquiert la réputation d'un homme savant en toutes disciplines ; le roi le nommera gentilhomme ordinaire de la Chambre. Il écrit son " Histoire et chroniques de Provence " parue en 1614.*

*Le second fils, Michel le jeune se lance à son tour dans l'astrologie. Mais poussé par la vanité, sans doute, il prédit que le village du Pouzin, dans le Vivarais, assiégé par les troupes royales, périrait par les flammes. En effet, lors de la prise de la ville, pour être sûr que sa prédiction aboutisse, il est surpris en train de mettre le feu aux maisons. Il sera tué sur le champ en l'an de grâce 1574.*

*ADAM DE CRAPONNE. Né en 1519 à Salon, Adam de Craponne va consacrer sa vie à la construction d'un canal d'irrigation bâtit à ses frais et qui porte toujours son nom. C'est une dérivation de la Durance qui diverge au niveau de Lamanon. Une branche se dirige vers Saint-Chamas, l'autre se subdivise entre un rameau qui se jette dans l'étang de Berre et un autre qui rencontre le Rhône au-dessous d'Arles. Les 90 kilomètres de l'ouvrage ont été réalisés entre 1554 et 1581, après la mort du fondateur. Adam de Craponne sera appelé aussi à assécher les marais de Fréjus. Henri II l'envoie à Nantes pour démolir une citadelle élevée sur un mauvais terrain. Il sera alors empoisonné par les entrepreneurs jaloux en 1559.*

## Le château de l'Empéri

Bâti sur le roc du Puech, le château de l'Empéri possède aujourd'hui les restes de sa chapelle romane du XII$^{e}$ siècle sur l'éperon nord du rocher. Mais la très grande majorité de la construction est des XIV$^{e}$ et XV$^{e}$ siècles.

On parvient au château en passant devant un corps de garde rajouté au

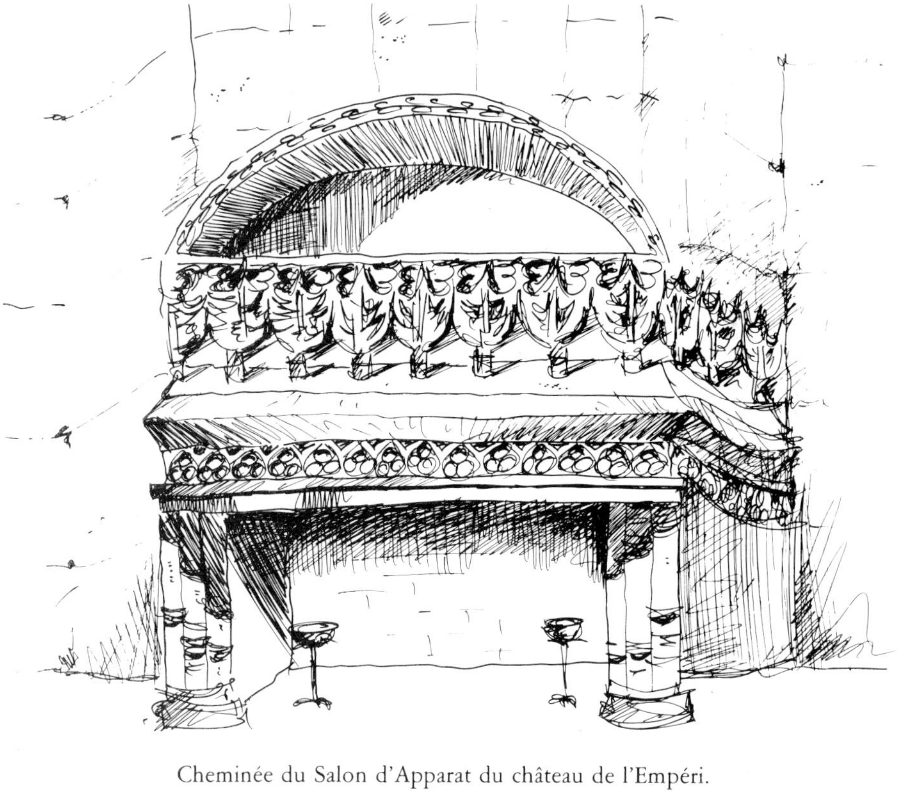

Cheminée du Salon d'Apparat du château de l'Empéri.

XVIIe siècle. La cour du château sert de cour de récréation aux lycéens qui occupent l'ancienne caserne construite en 1860.

La façade sud reste imposante, bien que les anciens fossés aient été comblés au siècle dernier ; elle est dominée au sud-ouest par la tour du Cardinal Pierre de Cros et au centre par la tour du Guet.

La première cour rencontrée en entrant dans le château est la cour d'honneur. A droite, les anciennes salles de service du XIIIe siècle avec leurs beaux arcs brisés, et la chapelle gothique. A gauche la salle des Gardes et le grand Tinel du XIV siècle. La galerie portée sur arcades est du siècle suivant ; on notera le passage du plan octogonal des colonnes au plan carré.

La seconde cour est celle dite de l'Empéri ; on y accède par un passage où se trouvait naguère la prison à gauche, la chapelle étant à droite. A l'occident sont les anciennes écuries et à l'orient, le cellier.

L'ensemble des courtines du château mesure 210 mètres.

## Le Musée de l'Empéri

Uniforme d'un officier des Cent Gardes.

Ici commence le fabuleux royaume des chevauchées fantastiques. Les grandes fresques du cinéma retracent les défilés et les batailles, les charges héroïques et le bivouac au quotidien. Le Musée de l'Empéri met ses visiteurs en présence d'une histoire de France, celle du fracas des armes, de la gloire et du souvenir.

Le monde militaire a ses âges, ses fonctions et ses modes, ses coquetteries. Les collections de Raoul et Jean Brunon possèdent la plus grande force de témoignage qui soit : celle de la vérité. Des dizaines de milliers de pièces appartiennent désormais au château. Chacune relate la marche, la fatigue, l'exercice, la gloire, la mort, tous éléments de l'existence du soldat. L'ensemble d'armes et d'uniformes est un des plus beaux du monde, d'une somptuosité sans égale.

Dans la cour d'honneur à droite de l'entrée, sont accrochés deux canons Vallière de 16 livres, richement ciselés, datés de 1642 et 1644. Fondus à Strasbourg, ils pèsent chacun deux tonnes de bronze.

La visite commence par l'ancienne chapelle castrale, voûtée d'ogives. Les vitrines rassemblent des éléments du décor retrouvé dans le château ; le mur du fond réunit une collection d'armes blanches et d'armures.

Les deux salles de gauche sont du XIIIe siècle ; sous leurs arcs brisés spectaculaires, est retracée l'évolution des armes à feu françaises du XVIIe à 1918 : arquebuses, mousquets, fusils, mousquetons, carabines, pistolets et révolvers sont ici analysés dans un extraordinaire état de conservation.

Trente salles sont offertes à la visite. On y voit, dans l'ordre pour chaque époque, la présentation des Généralités, la Maison du Roi, Maréchaussée, Infanterie, Cavalerie, Artillerie, Génie, troupes de Marine, histoire des campagne militaires.

Le rutilant XVIIIe siècle est celui des Armées royales de 1715 à 1791. L'Infanterie y devient la reine des batailles avec l'adoption du fusil à baïonnette pour les Gardes Françaises et les Gardes Suisses.

L'élégance et le luxe voisinent avec le fonctionnel des armes. Les lames d'épée sont ouvragées, les uniformes ont l'aisance de la vie de cour, comme celui du maréchal de camp, le comte Nault de Champagny, vers 1780.

La vision de la Première République de 1792 à 1803 commence par le rappel de la “Levée en masse” des soldats de la Révolution. Puis surgit l'épopée de Napoléon Bonaparte, de la campagne d'Italie à celle d'Égypte marquée par un uniforme unique de Mameluk.

La Grande Armée marque l'apogée de l'organisation des armées impériales de 1804 à 1815. Les aigles et les drapeaux accompagnent la magnifique variété des uniformes et des armements. La Cavalerie reprend une place importante dans les campagnes : Carabiniers, Cuirassiers, Dragons, Chevau-légers, Chasseurs et Hussards ont leurs uniformes particuliers, leurs tâches spécifiques et leurs armes reflètent leurs originalités.

Une vitrine est consacrée aux souvenirs du colonel major des Grenadiers à pied de la Garde Impériale, le général comte Dorsenne, mort en 1812 des blessures reçues trois ans plus tôt à la bataille d'Essling.

Un plastron d'officier de Cuirassiers traversé par un boulet provient du champ de bataille de Wagram. Des drapeaux pris aux Autrichiens, de superbes uniformes complets, marquent les campagnes de l'Empire.

La salle consacrée à l'Empereur est émouvante avec un chapeau impérial, une paire de

Sabre de cavalerie autrichienne vers 1780.

Uniforme du
Colonel Clappier.

gants, le drapeau du 1er Régiment de Grenadiers à pied de la Garde Impériale, présent à Moscou en 1812.

Toute l'histoire de la Légion d'Honneur, créée par l'Empereur, est relatée par la multitude des modèles présentés.

Les campagnes de 1812 à 1815 sont mises en valeur dans la plus grande salle du château. La guerre d'Espagne, la campagne de Russie, la traversée de la Saxe, la campagne de France, l'Île d'Elbe et Waterloo sont les épisodes frappants de cette gigantesque fresque. Le panache et l'héroïsme font partie de la monumentalité de l'endroit. Les coiffures en particulier sont étonnantes : shakos, csapska, casques de Dragon, bonnets de Grenadiers, bicornes de toutes sortes.

Le lit de l'Empereur à Sainte-Hélène clôt cette épopée.

De la Restauration au Second Empire, de 1814 à 1851, la période est celle des réorganisations et des innovations. L'adoption du pantalon garance porté jusqu'en 1914, celle du fusil à percussion, l'apparition de la carabine à canon rayé pour les Chasseurs à pied, sont des nouveautés qui accompagnent la conquête de l'Algérie et le fonctionnement de l'Armée d'Afrique. D'éclatantes armures complètes de Carabiniers et de Cuirassiers étonnent, mais ce sont les nouveaux uniformes qui stupéfient : Zouaves, Spahis, Chasseurs d'Afrique, Tirailleurs indigènes, sont autant d'unités qui font éclater de couleurs les nouveaux soldats.

Le Second Empire de 1852 à 1870 égale par sa somptuosité renouvellée celle du Premier Empire. L'escadron des Cent-Gardes a ici l'uniforme du capitaine Brincourt, chef d'escadron au 5e Cuirassiers, tué à Beaumont le 30 août 1870.

Campagne de Crimée, campagne d'Italie, campagne du Mexique et Guerre de 1870-71, sont les éléments essentiels de cette période terminée par le siège de Paris.

L'évocation se poursuit avec l'histoire de la IIIe République qui se confond avec le cadre colonial.

C'est la Grande Guerre de 1914-1918 qui termine la visite. C'est là une des parties les plus denses en émotion. La tristesse des uniformes, l'amélioration fantastique des armes de guerre, l'élaboration des machines à tuer, deviennent terrifiantes. On se souvient alors que Raoul Brunon a été tué en 1917 à la Malmaison. La collection reconstitue des morceaux des batailles des Vosges, de Verdun, du Chemin des Dames, de la Champagne, de la Somme. Les armes nouvelles sont là, le char, les gaz, les avions ; mais aussi toute la cruauté et la souffrance de cette guerre qui a marqué tous les villages français.

*RAOUL ET JEAN BRUNON. Nés à la fin du siècle dernier à Marseille, ils ont très tôt commencé leur collection. Dès 1908, ils acquièrent des pièces qui formeront l'ossature de l'immense galerie aujourd'hui présentée au Château de l'Empéri. Tous deux partiront pour la guerre en 1914. Raoul tombera le 23 octobre 1917 au Chemin des Dames. Depuis, Jean a continué l'œuvre entreprise, publiant plus de cinquante ouvrages d'histoire militaire et léguant à son fils, Raoul, le soin de continuer. Celui-ci, conservateur du Musée de l'Empéri, perpétue les traditions familiales pour la plus grande gloire de l'Armée française.*

*La chasse au trésor a été la passion des frères Brunon leur vie entière. Très rapidement connus comme amateurs talentueux, ils durent cependant à leur ingéniosité de retrouver des pièces de qualité. Ils eurent en particulier de grandes difficultés pour reconstituer les uniformes les plus anciens. L'idée géniale fut de faire de façon systématique le tour des costumiers de théâtre et des régisseurs. C'est ainsi qu'un jour fut retrouvé l'uniforme de Mameluk.*

Eglise de Saint-Michel.

Tympan de Saint-Michel.

## Visite de Salon

La visite de Salon commence par la tour de l'Horloge. Commencée en 1622, cet arc de triomphe eut sa construction interrompue par la peste de 1631 et ne sera terminé qu'en 1664. En suivant le cours, on arrive à la place Crouzillat, du nom d'un célèbre félibre (écrivain provençal) du siècle dernier, où se trouve la fontaine Moussue. En faisant le tour de ville on découvre la tour du Bourg Neuf du XIX$^{e}$ siècle, la fontaine d'Adam de Craponne, le Septier, la fontaine de Lamanon. Puis, en revenant à l'intérieur de la vieille ville, on rencontre la maison de Nostradamus et l'église Saint-Michel au beau portail roman du XII$^{e}$ siècle. L'ensemble est dominé par la superbe silhouette du château de l'Empéri.

A l'extérieur de la cité se trouvent le Musée de la Crau qui réunit de nombreux souvenirs de Salon, de ses familles et de la vie de cette région, et vers le Nord, le mémorial Jean Moulin. Il figure un parachutiste atterrissant à l'endroit même où Jean Moulin retrouva le sol de la France pour organiser la Résistance française.

Monument à la mémoire de Jean Moulin.

"Tarasco", cette bourgade des Salyens est remplacée en 74 avant notre ère par une colonie de Grecs de Marseille. Elle sera une des premières à être évangélisée grâce à sainte Marthe.

Après l'échec de son siège devant Avignon, Clovis viendra implorer les reliques de la sainte. Puis les Sarrasins campent dans la ville en 972.

Urbain II en 1096 cède à la demande d'Etiennette de Provence et fait construire l'église et l'hôpital Saint-Nicolas en mémoire de son fils.

C'est entre 1140 et 1150 que les chevaliers et les prud'hommes de Tarascon profitent des guerres baussenques pour s'affranchir des droits politiques de leurs suzerain et créer leur propre gouvernement en nommant des consuls.

En 1126, Raymond Bérenger IV de Provence, se fait pourtant céder le consulat de Tarascon pour mieux tenir cette place frontière face à Beaucaire, mais les Tarasconnais qui tiennent à leur liberté, courent aux armes. Il faudra recourir à l'arbitrage de l'envoyé de Frédéric II empereur d'occident, le podestat d'Avignon Perceval Doria, pour que le comte de Provence, en dépit de ses droits de souveraineté, remette le consulat entre les mains de la communauté ; nous sommes en 1233.

Un château s'élève sur le rocher qui borde le Rhône. Bientôt il subit un siège violent. Bertrand Du Guesclin, – "Bertrandis de Cliquino" comme l'appellent en dérision les gens du Midi qui lui en veulent d'avoir fait passer les grandes compagnies chez eux –, revient d'Espagne où il a été fait prisonnier par le prince de Galles qui combat pour le roi d'Aragon. Libéré sur parole contre l'énorme rançon de 100.000 florins d'or qu'il a lui-même fixée, Du Guesclin

Entrée de la ville par la route d'Avignon (Porte de la Comdamine).

Machicoulis du château de Tarascon.

franchit les Pyrénées à la recherche de la somme fabuleuse. Il va commencer à la gagner en se louant auprès de Louis Ier d'Anjou, comte de Provence, qui est en train de faire le siège de Tarascon et ne parvient pas à emporter la place, pour faire reconnaître son autorité.

Du Guesclin prend les choses en main en 1368. Les catapultes claquent, la peur grandit chez les défenseurs du château avant que le foudre de guerre ne demande à parlementer. Il menace de couper la tête à tout le monde, de leur faire les pires misères. Devant ces menaces, les Tarasconnais résistent encore quelques heures puis se rendent le 8 avril.

*LE MONOPOLE DU SEL A TARASCON VERS 1150 : " A Raimond Béranger comte de Barcelone, roi d'Aragon, Raimond de Mollnels, salut.*
*Sachez que l'entrepôt de sel de Tarascon est très mal en point à cause des entrepôts de sel qui se font à Berre (appartenant au seigneur des Baux) et à Salon (propriété de l'archevêque d'Arles), et en d'autres lieux de votre terre. Commandez donc, s'il vous plaît, que personne n'ait le droit d'entreposer et d'acheter d'autre sel que le vôtre à Tarascon, et commandez de même par ordre exprès que personne n'ait le droit de transporter du sel par mer à Montpellier, si ce n'est le vôtre ".*

*RAIMOND GHILA de Tarascon fut un dominicain fameux au XIIe siècle. Au XIVe, c'est Emmanuel de Tarascon qui enseigne à Orange les mathématiques, l'astrologie et la médecine. Il écrit un traité d'astronomie : " Les six ailes ".*

*LE CABINET DE CURIOSITÉS du colonel d'Ornano, agent royal chargé de gouverner le château de Tarascon, attire beaucoup de voyageurs vers la fin du XVIe siècle, du moins est-ce Thomas Platter qui l'affirme pour l'avoir vu lors de son voyage entre Bale et Montpellier.*

*LA LÉGENDE DORÉE ET SAINTE-MARTHE. La Légende Dorée est le recueil de vies des saints écrit par le dominicain Jacques de Voragine, né à Gênes vers 1230 et qui sera béatifié en 1816. Provincial de son ordre en Lombardie, sa notoriété est à l'origine de l'extension de l'histoire de la Tarasque et de sa capture par sainte Marthe. Voragine s'est fait l'écho des légendes du Moyen Age et les a transmises sans doute en les embellissant ; mais l'histoire de Tarascon n'eut pas été complète sans le récit merveilleux.*

Vue du toit du Château.

## Le château du roi René

En 1400, Louis II d'Anjou ordonne la construction du nouveau château de Tarascon, celui que l'on visite aujourd'hui. Le travail est confié à Jean Robert qui tire les pierres de taille des carrières de Beaucaire et de Fontvieille.

L'arlésien Bertrand Boysset est le témoin de cet événement : " De même, le roi demeurant à Tarascon pour quinze jours, fit commencer le nivellement de la place pour bâtir un château, le 9 octobre, l'an 1400, au lieu que son père autrefois avait fait lui-même bâtir ... Le château est situé en face de Beaucaire sur un rocher, près de l'île de Jarnègues, au bord du Rhône ".

La cour intérieure du château.

Deux autres étapes de construction seront nécessaires, de 1428 à 1435 et de 1447 à 1449.

Place forte gardant la frontière provençale face à la terre de Languedoc, la nouvelle forteresse va mélanger agréablement l'art militaire et l'agrément de la Renaissance. Chef-d'œuvre démontrant la puissance des princes d'Anjou comtes de Provence, la construction du château sera poursuivie par Louis III avant d'être achevée par le roi René.

Duc de Bar et de Lorraine, René commence sa carrière en étant prisonnier du duc de Bourgogne à la suite d'une malheureuse bataille. C'est alors qu'il hérite de la Provence à la mort de son frère Louis.

Pendant qu'il était prisonnier, sa femme, Isabelle de Lorraine, vient en Provence prendre possession du comté. Elle fait dessiner le plan du château par un peintre architecte de Salon, André de Sainte-Marie, dit Nostradamus. Le roi René lorsqu'il vit ce plan fut si content qu'il octroya 25 ducats à l'artiste.

La construction se poursuivit alors avec les ajouts que le peintre, acquis aux idées de la Renaissance, y avait placés. Mais remarquons que cinq ans

La chapelle basse du château.

plus tôt l'histoire de Nostradamus, deux sculpteurs célèbres, Simon de Beaujeu et Jacques Morel, travaillent aux sculptures du château.

*LAUGIER SAPOR évêque de Gap et chancelier de Provence est emprisonné au château de Tarascon sur l'ordre de Louis III de Provence, durant quatorze mois entre 1425 et 1427. Le riche évêque de Gap, s'il travaillait beaucoup dans son diocèse, vivait souvent dans son château de Châteaurenard dont il avait acheté les deux tiers à la reine Yolande. Mais accusé de malversations, n'était-il pas l'intermédiaire attitré des Marseillais, lorsque ceux-ci à court d'argent engageaient chez les prêteurs d'Avignon leurs reliquaires et leurs objets précieux ? Un mandat d'arrêt fut lancé contre lui. A ce moment il achète une galère, "La Cambarossa" qu'il fait charger de vivres ... à envoyer aux troupes de Naples, ou bien destinée à s'enfuir. Toujours est-il que de passage à Tarascon les officiers de la justice royale et le nonce apostolique l'arrêtent et le mettent en prison au château. Il n'y recevra personne durant plus d'une année. C'est à peine s'il apprend de quoi on l'accuse officiellement : avoir lancé un défi à Henri de Révilhac, du meurtre de Pierre de Pigna et de son épouse Richarde, d'avoir vécu mari-*

*talement avec la sœur du seigneur de Lanzac qu'il avait épousée déjà veuve avant d'être nommé évêque. Son procès n'aura jamais de solution, car Laugier Sapor profite d'une émeute des Tarasconnais, qui le 11 juin 1427 envahissent le château, pour s'enfuir et se réfugier à Saint-Roman sur la rive droite du Rhône. Son complice, Pons de Raousset, lui, a été puni et a eu la tête tranchée.*
*Finalement Laugier Sapor sera destitué de son siège épiscopal de Gap, mais recevra en échange celui de Maguelone.*

L'un des corbeaux de la chapelle basse.

## Le " Pas de la Bergère "

Le roi René fait son premier voyage à Tarascon en 1437. Il y revient dix ans plus tard pour donner dans son château des bords du Rhône une des plus belles fêtes de son temps.

Le " Pas de la Bergère " donné en 1449 est décrit en vers par Louis de Beauvau sénéchal du roi. Toute la noblesse des états de René, roi de Sicile, de Jérusalem et de Hongrie, comte d'Anjou et de Provence, duc de Lorraine et de Bar, participe aux joutes et aux tournois, aux danses et aux jeux. Tous les jours de midi à six heures se déroulent des tournois. Le vainqueur sera Ferry de Lorraine qui reçoit d'Isabelle de Lénoncourt, bergère-reine de la fête, une baguette d'or et un diamant de cent écus que galamment il lui offre.

La bergère règne sur une cabane de verdure au milieu des fleurs, des agneaux et des bergers, tous nobles et tous déguisés. " Ce ne fut pas sans de vifs regrets que les chevaliers s'éloignèrent des belles Provençales ", racontent les historiens du temps qui ajoutent, coquins : " Aucuns aussi d'amourettes parlèrent ".

Comment pouvait-il en être autrement en un lieu où on habillait les bergères de robes en damas gris et où le cordonnier de Tarascon ne fit jamais tant de chaussures à la poulaine.

Tarascon fut vraiment pour le roi René une terre de plaisirs et de délassement. Il y avait sa pinasse, soigneusement entretenue par le charpentier Escarniche, pour ses promenades sur le fleuve. Son jeu d'échecs en ivoire l'attendait le soir. Mieux, il crée l'ordre des " Chevaliers de la Tarasque ". Tous les ans une grande fête populaire rassemble les corporations. Les jardiniers font pleuvoir sur la foule de la graine d'épinard, les meuniers projettent de la farine sur les badauds, les mariniers lancent des jets d'eau d'une barque montée sur roues.

Cette douce existence a conservé les noms d'artistes célèbres, Grabusset auteur de la Piétà de Tarascon, conservée au musée de Cluny ; Barthélémy Clerc, Nicolas Froment, Enguerrand Quarton, Francesco Laurana qui a laissé à Sainte-Marthe le tombeau du chevalier de Cossa.

Une double meurtrière du château de Tarascon.

En 1471 le roi René vient ici prendre retraite, le cœur toujours aussi tendre. Ne le voit-on pas distribuer deux florins aux filles de la bonne carrière pour leurs étrennes en 1479, puis encore un florin à l'entrée du carême. Bon roi qui à plus de soixante-dix ans comptait encore les filles de joie parmi ses sujets.

Mais à la mort du roi René, Charles III de Provence son successeur ne reste pas longtemps à la tête du comté et teste en faveur de Louis XI roi de France, en juin 1482. Dès lors le Rhône cesse d'être frontière et le château de Tarascon devient inutile. Louis XI pour se concilier la population offrira à Sainte-Marthe une chasse d'or et créera un chapitre royal, faible consolation pour une ville qui voyait le même souverain confirmer les privilèges de sa rivale Beaucaire et lui accorder l'exclusivité de sa foire.

*L'OPINION DU ROI RENÉ sur quelques-unes des familles des Alpilles se trouve résumée en quelques formules lapidaires dont voici quelques exemples : " Grandeur des Porcelet " (Tarascon) : " Opiniâtreté des Sade " (Eyguières) : " Inconstance des Baux " : " Déloyauté de Beaufort " (Baux et autres fiefs).*

*LES CHEVALIERS DE LA TARASQUE fondés par le roi René, portent en sautoir un large ruban rouge auquel est suspendue l'effigie de la Tarasque en argent ou en plomb. Les Tarascaires sont chargés de faire mouvoir la carcasse du dragon lorsqu'on la sort dans la ville les jours de fêtes. Quelques-uns sont cachés à l'intérieur et la font courir. l'un agite la tête et en fait jaillir des fusées. un autre fait bouger la queue. Ainsi la Tarasque charge-t-elle les passants.*

## Les avatars des guerres de Religion

Tarascon entre Provence et Languedoc ne pouvait qu'être prise dans le tourbillon des guerres de religion. En 1577, ses consuls refusent de laisser ensevelir le sieur de Modène mort dans la religion réformée. Il faudra le transporter à Beaucaire. En 1586, Montmorency gouverneur de Provence bombarde la ville et fait enlever tout le bétail alentour. Lasse d'être prise pour cible, Tarascon se déclare neutre, mais trois ans plus tard, menacée par les réformés conduits par le comte de Carcès, elle fait appel au voisin Beaucairois dont le sénéchal est le marquis de Péraut.

Pour ne pas affoler les Tarasconnais, le premier consul Clément fait entrer par le fleuve 300 setiers de blé, ce qui lui permet de faire rouvrir la porte du Rhône qui avait été murée. Puis, pour éloigner les habitants, il fait cadeau aux premiers arrivés d'un bois bordant le Rhône. Les Tarasconnais se précipitent pour profiter de cette aubaine puisque le bois était le seul combustible, tandis que les troupes de Beaucaire entrent dans Tarascon.

Il fallut ensuite six mois de tractations pour faire déguerpir ces charmants voisins de la rive gauche du Rhône et pour cela, verser dix mille écus en paiement du service rendu.

C'est vers cette époque, 1589, que La Valette gouverneur catholique de Provence envoie à son homologue languedocien Montmorency soixante cavaliers, afin de lui faire presser une levée de troupes de 1.200 hommes. Ceux-ci n'étant pas prêts, Montmorency renvoie ses cavaliers à La Valette accompagnés de cent-cinquante arquebusiers à cheval, aux ordres de M. d'Etampes, pour lui faire prendre patience.

Le 14 octobre, les catholiques passent le Rhône à Boulbon et rencontrent à Graveson, place forte des réformés, une troupe de 300 cavaliers protestants commandés par Carcès. Devant le nombre, Etampes se replie sur Tarascon poursuivi par les ennemis. Mais à son arrivée les portes de la ville restent closes. Les catholiques encerclés entre les remparts et le Rhône, assaillis par les protestants, acceptent un combat qui se transforme en massacre. Affolés les catholiques se débandent, fuient, se précipitent dans le Rhône où ils se noient, happés par le courant. D'Etampes est fait prisonnier et amené à Aix.

L'année suivante le Rhône est gelé. Pour convaincre Montmorency de traverser sans danger, Alphonse d'Ornano, nouveau gouverneur du château, fait passer son plus gros canon sur la glace. Montmorency qui n'a pas oublié la perte de ses hommes, fait alors assiéger le château de Graveson par un corps de cavalerie. Après huit jours de siège la place se rend à discrétion. C'est alors que s'exerce la vengeance ; les officiers sont rançonnés, les soldats huguenots envoyés aux galères et un prêtre du lieu qui intercède en faveur des protestants, est pendu.

*LES LEVADIERS DE TARASCON sont les gens chargés d'élever et d'entretenir les levées, ces digues qui protègent les rives des inondations du Rhône. La levaderie aura une grande importance dans une région où les marais sont peu à peu asséchés grâce à des systèmes de canaux qui drainent les eaux. Une inscription trouvée à Saint-Gabriel rappelle également le rôle des utriculaires, ces bateliers qui assuraient le trafic sur les étangs, entre les Alpilles et le Rhône ou comme à Noves, avec la Durance.*

## Le complot du dormeur

La situation à Tarascon est toujours restée très tendue entre catholiques et protestants, des revirements se sont souvent produits dans cette ville qui avait son consistoire réformé et où le clergé était divisé. Ainsi le montre cette anecdote. Un soir, le nommé Henri, homme du peuple, s'endort dans l'église où il est venu prier. A son réveil il trouve les portes closes. Prenant son mal en patience, il s'installe dans un confessionnal lorsque vers minuit il est réveillé par l'arrivée d'un groupe de prêtres. C'est un complot qui se forme. Les conjurés décident d'ouvrir une porte de la ville aux réformés qui tiennent la campagne. Le mot de passe est : "Mort".

Au matin lorsque les portes de l'église s'ouvrent, Henri court à toutes jambes prévenir les autorités royales qui font échouer ce complot, si révélateur de l'opinion d'une partie du clergé.

## La prison du Roi, de la Révolution et de la République

Du 12 au 25 juin 1652, pendant la Fronde, le gouverneur du château M. de Laccan refuse l'entrée aux troupes de Mazarin dirigées par Louis de Vendôme, gouverneur de Provence. Quelques boulets de canon qui ont laissé des traces sur la tour sud-est eurent raison de sa résistance.

Après le rattachement de la Provence au royaume de France, le château de Tarascon est transformé en prison d'État. Il retiendra de nombreux prisonniers espagnols et anglais qui laisseront leurs signatures gravées sur les murs du château.

Lors de la grande peste de 1720, Tarascon est atteinte. Durant de longs mois auront lieu des processions dans la ville où on implore sainte Marthe pour être protégé du fléau.

Durant la Révolution, le château, prison royale, se transforme en prison révolutionnaire. En 1795, cinquante Jacobins y seront massacrés ou noyés par les réactionnaires sans-culottes.

Enfin au XIXe siècle, ce seront les chaînes de forçats en route pour le bagne de Toulon qui y feront halte à l'issue de marches épuisantes ou de dangereuses descentes du fleuve.

Grâce à cette peu glorieuse fonction, le château du roi René a pu rester pratiquement intact durant cinq siècles. Les restaurations ont été peu importantes dans ce qui demeure le plus beau château féodal de France.

*LA CHANSON DES CONTRE-RÉVOLUTIONNAIRES DE TARASCON :*

*" De Bric ou de broc ils feront le saut*
*de la fenêtre de Tarascon,*
*dedans le Rhône : Nous n'en voulons plus*
*de ces gueux-là, de ces gueux de sans-culottes ".*

*TARTARIN DE TARASCON est le titre d'un roman d'Alphonse Daudet qui décrit les aventures périlleuses d'un bon Provençal. Souvent moqueur, Daudet met en scène un chef-d'œuvre de hâblerie. On connaît l'épisode des chasseurs de casquettes dans la Montagnette, et surtout l'expédition qui le conduit à la chasse au lion dans l'Atlas algérien. Deux autres romans mettront en scène le célèbre Tartarin, il sera alpiniste, puis reviendra animer la vie tarasconnaise dans " Port Tarascon ".*

*LES MILLIONS DU COIFFEUR BONHOURE. C'est à Tarascon que travaillait le coiffeur Bonhoure lorsque la Loterie Nationale fut lancée. C'est sur lui que la chance décida de tomber et il fut le gagnant du premier gros lot, en 1933, dont le montant était de 5 millions de francs de l'époque, somme énorme. Dès le lendemain Bonhoure reçut des centaines de lettres lui demandant de l'argent à des titres divers. L'heureux millionnaire put fermer sa boutique et vivre de ses rentes. La dernière barbe qu'il rasa fut celle d'un journaliste astucieux venu passer avec lui sa première journée d'homme riche.*

*L'HÔTEL DES EMPEREURS à Tarascon, détruit par les bombardements de 1944, devait son appellation non pas à des souverains mais aux patrons des bateaux du Rhône, ces capitaines marins des voiliers de cabotage, qui tenaient le haut du pavé dans les villes du bas Rhône avant que le chemin de fer ne réduise la navigation sur le fleuve.*

## Le château

Il faut arriver à Tarascon en venant du Languedoc lorsque le soleil frappe la façade du château du roi René. Majestueux, dominant le Rhône, c'est un des plus beaux monuments que l'art médiéval ait laissé en France qui se présente. Tout près, l'église Sainte-Marthe montre sa flèche gothique démolie lors des bombardements de 1944 et nouvellement remontée.

Ce clocher dû être approuvé lors de sa construction en 1449 par le roi René, il donna son accord en précisant : "Touchant le clocher de Sainte-Marthe, nous voulons bien qu'il soit fait, mais que ce soit à jour, au plus clair que cela se pourra, en manière qu'il ne peut nuyre au chastel pour les inconvéniens".

Voilà qui définit la destination de défense du château, puisque les guetteurs installés sur sa terrasse ne doivent pas être incommodés par le clocher. Le flèche profite donc des recommandations du roi René pour s'épanouir en ouvertures largements échancrées.

Des quatre grosses tours du château, celles qui donnent sur le Rhône sont rectangulaires, à la mode provençale ; celles qui défendent le côté le plus vulnérable sont rondes. Sur ce côté oriental un pont de pierre permet de franchir le fossé creusé dans le roc et pénétrer dans l'enceinte, marquée des éraflures faites par les boulets de canon, surtout sur sa tour sud-est lors du siège de la Fronde de 1652.

La visite du château commence par la basse-cour aménagée en jardin le long des communs. Le bâtiment occidental où se trouve la réception a reçu une superbe pharmacie provenant de l'ancien hôpital. Les pots à plantes sont du XVIIIe siècle et viennent des ateliers de Moustiers et de Montpellier. On passe dans la forteresse par un pont de pierre qui a remplacé le pont levis d'origine. Le "donjon d'entrée" est une tour rectangulaire dont la chambre du premier étage dissimule une herse et deux assommoirs. Une chicane conduit à la cour d'honneur.

En face de l'arrivant, sous un dais renaissant, se trouvent les bustes mutilés du roi René et de son épouse Jeanne de Laval, retrouvés au fond du puits. A leur gauche, la loggia gothique flamboyante, précède la chapelle. Un superbe escalier à vis, prélude aux grands escaliers des châteaux de la Loire, donne accès aux étages.

Le corps du bâtiment qui domine le Rhône, présente trois vastes salles superposées. On a regroupé au deuxième niveau, les ais d'entrevous peints. Ces petits morceaux de bois qui ferment les interstices entre les poutres représentent des monstres. Ils rappellent la décoration disparue du château. La salle la plus haute est voûtée d'ogives. Sur les murs et près des cheminées, on lit les inscriptions laissées par des prisonniers anglais ou espagnols qui y furent internés.

Une superbe exposition de tapisseries des Flandres du XVIIe siècle fait désormais partie de la visite. Ces belles pièces représentent l'histoire de Scipion l'Africain, ses batailles contre Annibal et son triomphe.

Les terrasses offrent de magnifiques points de vue sur le fleuve, Beaucaire et les Alpilles. En dehors des créneaux, les gargouilles, refaites lors des restaurations, ont d'étonnantes figures. Ce ne sont pas les seules parties sculptées du château. Les culots sur lesquels retombent les rejets d'eau des fenêtres, sont soit des géants velus, soit des bustes de chevaliers, soit des marmousets. De même, dans la galerie de la cour d'honneur, au rez-de-chaussée, les culots représentent des combats fabuleux et des groupes de grande qualité.

Enfin, dans une salle voûtée de croisées d'ogive donnant sur cette galerie, les murs ont conservé d'étonnants graffiti peints en rouge, représentant différents types de bateaux de la fin du Moyen Age.

Le château de Tarascon reste avant tout une forteresse qui domine de ses quarante mètres de haut toute la plaine environnante. L'inventaire de 1457 décrit l'armement qui se compose d'une dizaine de bombardes, grandes et petites, avec des affûts en bois et un veuglaire, sorte de canon, installés dans la basse-cour. A l'entrée de la première porte se trouvent sept coffres à poignées noires renfermant des armes, des grands pavois, une targe d'acier et une autre en os de cheval, quatre lances de bois. Ailleurs on trouve des carquois, des viretons d'arbalète. La chambre de l'artillerie renferme des haches d'armes, dix-neuf petites bombardes de fer, trente-six bombardelles avec ou sans affût, quarante-six balistes et quatre autres brisées, des frondes, des brigantines et toutes sortes de pièces d'armures, quatre cercles de fer pour faire les moules destinés à la confection des boulets de pierre.

## L'Église Sainte-Marthe

Ce magnifique édifice comporte deux églises superposées. L'église haute possède un très beau portail roman sur le côté sud, ses faisceaux de colonnes sont tout ce qui subsiste de la construction romane. Cette porte mutilée en 1793 par les révolutionnaires montre le Christ assis sur un trône entouré des quatre évangélistes. La partie la plus remarquable de l'église gothique est le campanile et la flèche, œuvre de Hélion Lauvernhac d'Arles qui reçut 2.500 florins d'or pour sa construction. A l'intérieur de l'église haute on voit les tombeaux de Sanche d'Albe mort en 1330, sénéchal de Provence, et celui de Guillaume Crespin, capitaine du château mort en 1440, ainsi que des tableaux de Vien, Carrache, Parrocel, Mignard et Van Loo.

Église Sainte-Marthe : statue à l'entrée de la crypte représentant la Sainte.

Gargouilles.

Une console du côté sud.

Console zoomorphe.

La chapelle à gauche du maître-autel renferme deux primitifs à fond d'or. Le premier daté de 1513 est de Hans Cremer et représente saint Roch entre saint Laurent et saint Jean. Le second, d'un peintre anonyme est daté d'environ 1520. Il montre sainte Marie-Madeleine et un donateur.

La chapelle à droite du maître-autel est voûtée d'une croisée d'ogives dont l'un des culots sculptés représente une petite Tarasque.

Pour accéder à l'église basse, il faut descendre l'escalier qui se trouve au fond de l'église, à gauche. Sur le mur une plaque de marbre rappelle le passage de Clovis qui " atteint de douleurs aux reins au siège d'Avignon guérit grâce à l'intercession de sainte Marthe ". En reconnaissance il donna à la ville tout le territoire alentour, lui conféra un régime municipal doté de ses propres lois et de ses consuls.

Une gargouille.

Portail sud.

Cette église basse renferme un autel mérovingien du Ve et VIe siècle, en provenance d'Ernaginum (Saint-Gabriel) et le tombeau de Jean de Cossa sénéchal de provence, Napolitain, attaché au roi René mort en 1476, œuvre de Francesco Laurana. On remarque que le gisant porte au bras gauche l'ordre du Croissant institué par le roi René. Contre le mur, le retable est remarquable par sa décoration de putti qui portent les écus du sénéchal « à l'italienne ». Ce tombeau est un des premiers grands exemples de la pénétration de la Renaissance italienne en Provence.

Enfin dans la crypte se trouvait naguère la châsse de sainte Marthe, cadeau de Louis XI en 1476, « la plus riche du royaume », qui fut vendue aux Génois en 1789. Sainte Marthe connut d'ailleurs bien des vicissitudes outre-tombe, puisque lors des invasions sarrasines au VIIIe siècle, les Tarasconnais cachèrent son corps. Il resta ignoré pendant près de quatre cents ans, jusqu'à ce qu'il soit retrouvé en 1187, une plaque de marbre permit alors son identification. Plusieurs fois transporté, le corps de la sainte finit par disparaître.

Ornement de l'un des lanterneaux.

La crypte a été transformée en chapelle funéraire au XVIIe siècle par l'archevêque d'Avignon, Dominique de Marinis, dont le blason, ici en noir et blanc, figure au centre de la voûte. Le décor tout à fait baroque entoure actuellement un sarcophage chrétien du IVe-Ve siècle représentant des miracles du Christ.

*LA LÉGENDE DE LA TARASQUE. Il y avait alors à Tarascon, dit la légende, un énorme dragon, mi-animal, mi-poisson, qui tuait beaucoup de gens. Ses facultés de courir et de nager lui permettaient d'échapper à toutes les poursuites. La Tarasque était « plus grosse qu'un bœuf, plus longue qu'un cheval, elle a la face et la tête d'un lion, des dents aiguës comme des épées, une crinière de cheval, le dos tranchant comme une hâche, des écailles hérissées et coupantes comme des tarières, six pattes aux griffes d'ours, une queue de serpent, un double bouclier comme une tortue de chaque côté ». Un jour douze hommes décidés partent la combattre. Six d'entre eux seront mangés. C'est alors qu'intervient sainte Marthe. Suppliée par les habitants, elle part à la recherche du monstre, l'asperge d'eau bénite et lui montre une croix de bois. La Tarasque vaincue devient aussitôt douce comme un mouton.*

Hôtel de la Monnaie,
rue des Halles.

## Promenade dans Tarascon

L'ancienne ville de Tarascon est entourée par un large boulevard qui correspond à l'emplacement des anciens remparts reconstruits au cours du XIVe siècle. Au départ de la route d'Avignon, la porte de la Condamine est la dernière fortification subsistante ; datée de 1379, elle est défendue par deux grosses tours rondes.

Entre cette porte et le château, le long du boulevard Icam, se trouve la maison de Tartarin, ce personnage mythique qui enchante toujours les amateurs de bonnes histoires. Presque en face, une porte a été rénovée ; elle donne accès à la rue du Château et à l'Hôtel de Ville. C'est un remarquable hôtel particulier du XVIIe siècle. Vers la gauche, la rue des Halles a gardé le pittoresque de ses maisons portées sur arcades.

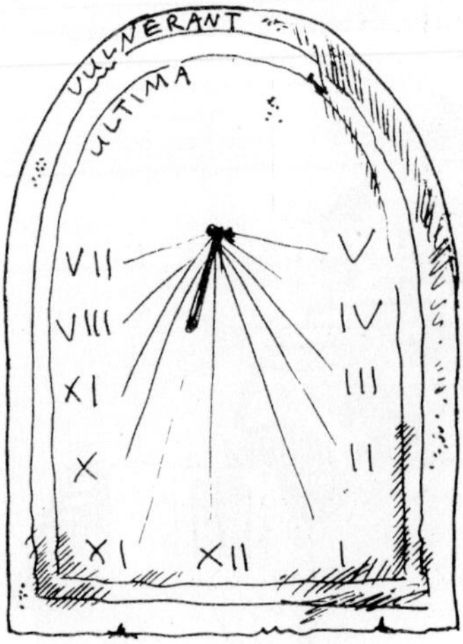


Cadran solaire de
l'Hôtel de la Monnaie.

Au-delà, la rue Blanqui est celle du Palais de Justice. A l'angle sud, la poutre débordante est sculptée d'un lion porteur d'un blason : "d'or au chevron d'azur accompagné de trois branches de corail de même". Ce sont les armoiries de l'importante famille des Provençal, connue aux XVII$^{e}$ et XVIII$^{e}$ siècles.

Plus loin, la rue Proud'hon abrite la manufacture de toiles imprimées "Souleiado" qui garde une belle collection de planches à indiennes. A quelques pas, le théâtre de la rue E. Pelletan date de 1898. Il se trouve à côté d'une grande porte du XVIII$^{e}$ siècle surmontée d'une statue de la Vierge de 1866.

Une rue à Tarascon.

# INDEX DES NOMS DE LIEUX

# INDEX DES NOMS DE PERSONNES

# TABLE DES MATIÈRES

ACHEVÉ D'IMPRIMER
LE 28 JUILLET 1989
SUR LES PRESSES
DE L'IMPRIMERIE
AUBANEL, 7 PLACE
SAINT - PIERRE, EN
AVIGNON, DE PÈRE
EN FILS DEPUIS 1744

N° 14.0024. Dépôt légal : 3e trimestre 1989. I. 4230. E. 1496.